WAC BUNKO

三島事件 もう一人の主役

烈士と呼ばれた森田必勝

JN253912

中村彰彦

WAC

まえがき

今は亡きオピニオン雑誌『諸君！』に「烈士と呼ばれる男」と題し、計三回、四百字詰め原稿用紙にして二百四十七枚のノンフィクションを連載したのは、平成十一年（一九九九）十一月から翌年一月にかけてのことだった。

この連載分を第一章から第三章とし、あらたに第四章、第五章の六十枚を書き足して成った単行本は、平成十二年五月、『烈士と呼ばれる男――森田《もりた》必勝《まさかつ》の物語』として文藝春秋より出版され、平成十五年六月には文春文庫に収録された。

それから四年後、大阪のある大学の市民講座で講演することになったとき、この本が学生たちへの講義のテキストとして用いられているのを知り、ちょっとびっくりしたことをよく覚えている。

しかし、未曾有《みぞう》の出版不況のさなかにあって、出版物の寿命は短くなる一方である。『烈士と呼ばれる男』もその例に漏れず、いつしか単行本、文庫版ともに品切れ絶版とされるに至った。

ところが、それを知ったワックの鈴木隆一社長が同書を再刊して下さるという。

「奇貨居《きかお》くべし」

といえば好機を逸してはならないという意味だが、衝撃の三島事件からはすでに四十五年の歳月が流れ去ろうとしており、私の耳にも森田必勝青年と交流のあった人々の訃報がちらほらとではあるにせよ届くようになってきた。

並行して三島由紀夫、森田必勝、そしてこのふたりが中心となって起こした三島事件について何も知らない日本人も、かなり多くなってきたようである。

それらのことを考え合わせた私は、「奇貨居くべし」という表現を思い出して再刊の提案をお受けすることにした。

原本、文庫版とは書名が変わっているが、これは鈴木社長の希望を容《い》れてのことで他意はないことをおことわりしておく。

なお、本書原本と文庫版とが書店の店頭から消えてまもなく、三島事件を深く調査・研究しておいでの方が、文中に十数カ所の誤りがあると指摘して下さった。日付や人数のズレが主な指摘点だったが、裏付け資料の添えられていた点については加筆訂正をほどこしたので、今後、拙著によって三島事件の背景を論じようとする向きは、このワック版に示したデータを使用していただけるとありがたい。

平成二十七年十月

中村彰彦

三島事件　もう一人の主役

——烈士と呼ばれた森田必勝

◉目　次

まえがき　3
第一章　名物学生　9
第二章　ノサップ　71
第三章　惜別の時　137
第四章　市ヶ谷台にて　199
第五章　野分の後　231
あとがき　254
解説　堤堯　261

装丁／神長文夫＋柏田幸子

第一章　名物学生

一

学生街には、緑陰《りょくいん》と喫茶店とがつきものだ。

都内新宿区の鶴巻町《つるまきちょう》を東西に貫き、西のはじに早大正門を見る通りも典型的な学生街のひとつにかぞえられる。車道中央分離帯の芝生には点々と並木が繁り、その左右にならぶ商店のうちにはまだ学生服の注文を受けている洋品店もある。

だがこの通りを早大正門にむかって進み、鶴巻小学校前の信号を左折するとにわかに下町の雰囲気が立ちこめる。質屋、大衆食堂、町工場、作業着姿で手にした溶接棒の先から線香花火のような火花を散らしている工員の姿、……。

男子学生たちにはビートルズの真似をした長髪が、女たちにはミニスカートが流行していた時代のことである。その先の鶴巻公園と消防署早稲田出張所との間の車もめったに入って来ない狭い道を道なりに東へ下ると、突き当たりに古い二階家が建っていた。

現代風にいえば3DK。道に面してガラス戸をはめこんだ一階部分が2DK、二階の六畳一間は下宿人を当てこんでのもので、外壁右側面にはこの二階へ通じる階段が取りつけられていた。

早稲田町三十六番地のこの家に、早大生、おなじく雄弁会OBなどから成るさるグループが足繁く出入りするようになったのは、昭和四十一年(一九六六)なかばのことであった。同年一月、学生たちの学費値上げ反対運動から全学ストライキへ発展したいわゆる早大紛争は、六月にようやく解決。以後、早大の全学部では、カリキュラムの遅れを取りもどすべく、夜も本来なら夏休みに入ってからも講義がつづけられていた。

しかしこの家に出入りする学生たちには、たとえ登校したとしても講義には出席しない者が多かった。あきらかにかれらは、借りた家を自分たちの事務所化する作業に熱中していた。

一階には机六、四人掛けの簡易応接セット一が運びこまれ、ふたつの押し入れは泊まりこみ要員たちのベッドと化した。上下の段を二段ベッドに見立てれば、四人は寝られる。

とはいえ男所帯というものは、およそ似たようなコースをたどる。いつか机やテーブルにはコーラの空壜《あきびん》が林立、灰皿は吸殻で溢れ、屋内は体育会系の部室のような有様となった。なかにはベンチ・プレスのセットを持ってきた者もおり、これを正面の路上に据えて筋肉トレーニングに励む者もあらわれた。

年も改まった昭和四十二年(一九六七)一月といえば、第三十一回衆議院議員選挙で自由民主党の得票率が初めて五十パーセントを割った時である。そのころすっかりこの家を気に入り、下宿を引き払って棲みついてしまった早大教育学部教育学科の一年生がいた。

身長百六十七センチ、やや頭の鉢が大きく固太りな体格をしたこの早大生は、髪をスポーツマン風に短く刈った童顔の持ち主であった。眉は濃い方、目は一重瞼《ひとえまぶた》、鼻梁《びりょう》と唇は肉が厚めだが、笑みくずれると真っ白で粒の大きな歯並びが人目を奪う。

引っ越し当日まずこの学生が仲間たちを驚かせたのは、身の回り品のなかに教科書以外の蔵書がまったくふくまれていないことによってであった。奇異な目で見られていることに気づいたかれは、

「本を一冊も持たずに引っ越しをする学生は、おれぐらいのものだ」

とうそぶいて居合わせた者たちを失笑させた。

だが、かれは持ち前の竹を割ったような気性によって、「本部」と呼ばれる家での生活にすんなりと溶けこんでいった。

大学あるいは鶴巻小学校前の交叉点北側にある溜り場の喫茶店「ジュリアン」にむかう際、

「おはよう」

とかれは必ず地元商店街の人々に声を掛けた。学生服に黒い革靴、またはジャンパーかコートに下駄ばき、という姿で。

その明るさと冗談好きな性格から、やがてかれは早稲田の名物学生のひとりにかぞえら

れるに至った。

いま私は、恣意的《しいてき》に「名物学生」ということばを使ったのではない。本稿を書くにあたって私は早大正門前へゆき、同所で東京オリンピックの前から靴磨きをしているというおじいさんに、このような人を覚えているか、とたずねてみた。

園部信行という名の七十七歳のおじいさんはすぐに思い出し、この名物学生のフルネームを口にした。

「ああ、＊＊＊＊さん」

そして客となった私に、懐しそうに語った。

「あの方は、本当に端正な方でした。私にも挨拶してくれて、年中お客になってくれたものです。だれかと待ち合わせの時には、私の横へきて新聞記事などを話題に雑談したりもしました」

当時の靴磨き料金は、初め二十円のち四十円、かれはいつも金に困っていたが、靴磨きと歯磨きだけは大好きなのだった。

四月十六日、都知事選挙で革新派の美濃部亮吉《みのべりょうきち》が当選。六月十日、東京教育大学評議会がキャンパスの筑波研究学園都市への移転を強行決定、と時代がざわめいてまた暑い季節が巡ってきたころ、からだを鍛えるのも好きなかれはジョギングから汗ぐっしょりになって「本部」へ帰ってきたことがあった。

早大教育学部の一年先輩だった宮崎正弘が、のちに書いている。かれは天下の公道で行水を使い、裸のままコカ・コーラをうまそうにラッパ飲みした。近所の子供たちが珍しいものを見るような目をして集まってくると、かれは無邪気に一緒に遊んだ。その姿は天真爛漫そのものであった、と。

しかしこの名物学生は、アメリカの三十都市でベトナム反戦デモがひらかれ、日本でも佐藤栄作《さとうえいさく》首相の東南アジア諸国歴訪阻止を叫ぶ反日共系全学連が羽田付近で機動隊と衝突した十月過ぎ、「本部」への寝泊まり生活を切り上げた。

二

それから一年数カ月を経た昭和四十四年(一九六九)二月から、かれが起居することになったのは新宿区十二社《じゅうにそう》三百六十番地に建つ木造アパート「小林荘」の二階八号室であった。この地名は今日では西新宿四丁目と改称され、町自体が新宿副都心の高層ビル街に飲みこまれてしまったが、当時十二社でめだつものといえば新宿中央公園くらいしかない。

和室六畳一間に窓と押し入れ各ひとつと流し台つき、トイレは共同、風呂もない「小林荘」に移ったかれは、別に独居生活をはじめたわけではなかった。部屋の借り主でもある亜細亜大学法学部二年生の田中健一が同居し、白黒テレビひとつしかない室内の整理整頓はいつか田中の仕事になった。

　田中は骨太のがっしりした体格に似ずきわめて綺麗好きで、どやどやと上がりこんだ仲間が去るや、その座っていた場所にさっと雑巾をかける。おかげで畳は、まもなく擦り切れてしまった。

　対して早大三年生になっていた田中の同居人は、例によって引っ越し荷物といえば綿のはみ出た夜具一式と褞袍《どてら》一枚ぐらいしか持ってこなかった。かれは一度も干したことのないその布団にもぐりこんだかと思うと、赤ん坊のように肩口に両手をあげてすやすや眠る。起きれば新聞とハイライトを持って室外のトイレにむかい、長いこと出てこない。

　ようやくもどってくると、屈託なさそうにいった。

「ここのトイレは三つもあるから、ゆっくりできてええなあ」

　かれは田中や雑魚《ざこ》寝しにやってくる仲間も使う歯ブラシに歯磨きをつけて一度、それを水に洗い流してもう一度丹念に自慢の歯を磨くので、歯ブラシはすぐに毛先がひしゃげてしまう。そんなことなど気にしないかれは、もうこのころには靴磨きには出かけなくなっていた。靴下は、汚れれば裏返しにして何日も着用。洗濯もしないため穿けるパンツに事欠いても、じかにズボンに足を通して平然としていた、と田中はいう。

それでも、人なつこさには「本部」時代と変わりがなかった。やはり仲間の麻布《あざぶ》獣医科大学生野田隆史とともにデパートへ出かけ、エレベーターに乗った時には、

「お姉さんは、どこの生まれ?」

と、エレベーター・ガールに話しかけた。

「ぼくは早稲田大学の学生で、名前は＊＊＊といいます」

エレベーター・ガールがくすくす笑ってしまったのは、かれを剽軽者《ひょうきん》と感じたためであろう。

別の日、やはり野田隆史と新宿中央公園のベンチに腰掛けていて、ミニスカート姿の女の子二人組から話しかけられたこともあった。

「ぼくらは大学生だよ、それでさあ」

お国訛りを隠し、かれはちょっと気取って東京弁で答えた。

「ぼくは早稲田、かれは医者になるんだ」

「ええっ、すごいですねえ」

「いや、医者の上に『動物の』と入れた方がええで」

大阪府出身、やがて獣医師免許を取得することになる野田が口をはさんでも、

「いいから医者ということにしとけ」

と、かれは一向に頓着しない。もうその時には二人組と和気藹々《わきあいあい》とおしゃべりしはじめていて、別れ際にはちゃっかりと住所姓名、「小林荘」二階の廊下にあるピンク電話の番号まで教えた。

野田隆史によると、その後かれは二人組の片方と何度かデートしたものの、それきりになったという。

この早大生はほかの女性ともデートしたことがあったが、帰ってくるとすぐに宣言した。

「あの子と結婚するんや」

そんなに進んだ仲なのか、と驚いた仲間がしばらくしてからあの話はその後どうなったとたずねると、

「いやあ、それが」

と照れ臭そうに頭を掻くばかりであった。男の愛敬《あいきょう》というべきか、かれにはちょっと女性に惚れやすい一面もそなわっていた。

――以上、ある早大教育学部学生の横顔を何人かの証言をもとにスケッチしてみた。このように朴訥《ぼくとつ》かつ豪快、健やかでもあり稚気《ちき》に満ちてもいる青年の姿は、少なくとも私たち戦後ベビー・ブーム世代の者にとってはさほど珍しいものではない。

ところがこの青年は「小林荘」に移ってから一年九カ月後、あまりにも、尋常ならざる

行動によって日本国中を震撼させることになった。

「三島由紀夫が自衛隊に乱入」

の黒地白抜き文字の横見出し、

「演説して割腹自殺／市谷　総監を一時人質　仲間が介錯《かいしゃく》／一人も死ぬ」

と縦の見出しをつけた『朝日新聞』昭和四十五年（一九七〇）十一月二十五日付夕刊第一面、全段ぶち抜きの記事のリードにいう。

「二十五日午前十一時ごろ、東京・新宿区市谷本町の自衛隊に、作家の三島由紀夫（四五）ら楯（たて）の会の会員計五人が訪れ、東部方面総監の益田兼利《ましたかねとし》陸将（五六）に、隊員への演説をさせろと要求、同陸将に日本刀や短刀をつきつけてしばり上げ人質にした。自衛隊側が三島の演説を許すと、三島は憲法改正などを訴えたあと、総監室に戻って会員早大生森田必勝《もりたまさかつ》（二五）とともに割腹し、死亡した。この事件で自衛隊員五人がけがをした。このあと午前零時半ごろ『総監を釈放する』との呼びかけがあり、捜査員が部屋にはいったところ、三島と森田は、それぞれ腹を切って自決し、部屋にいたほかの三人がこれを介錯（かいしゃく）して首をはねていた」

ここまで横顔を粗描《そびょう》してきた早稲田の名物学生とは、右に姓名を報じられた森田必勝その人である。

三

私は当時、仙台市にアパート住まいをしている東北大学文学部の二年生であった。忘れもしない昭和四十五年十一月二十五日水曜日、午前中最後の講義を受けて市内川内《かわうち》の教養部キャンパスへ歩み出たころには、すでにこの事件の噂が構内を飛び交っていた。

友人から聞いた第一報は、つぎのごとし。

「三島由紀夫が自衛隊に乗りこみ、切腹を図ったが失敗して救急車で運ばれたらしいよ」

「なんだ、みっともないことをして」

私が咄嗟《とっさ》に応じたのは、めだちたがり屋の三島が今度ばかりはとんだしくじりを犯したようだ、と感じたためにほかならない。しかし私はまもなく第一報が誤報と知り、背筋に悪寒が走るのを覚えた。

この時私の内部に生じたのは、「愕然《がくぜん》」、「慄然《りつぜん》」という二種の漢語をこきまぜたような感覚であった。私は昭和二十四年(一九四九)生まれだから、特攻も原爆も玉音放送も物心ついてから歴史上の事実として学んだ。そのような世代に属する私がたったいま起こった出来事を知って立ち尽くすほどの衝撃を受けたのは、あとにも先にもこの時しかない。

その衝撃は、私にとってはふたつの要因から成っていた。

ひとつは、いずれ純文学作家として文壇にデビューすることを夢見ていた当時の私が、川端康成の「芸術に思想はいらない」ということばを信じていたこと。だが三島にとっては芸術イコール思想だったのであり、その思想と行動とを一致させての「死」を目の前に突きつけられたことは、私には文学観の修正を迫られる重大事件であった。

ふたつ目は、森田必勝が昭和二十年生まれと私とおなじベビー・ブームに属する世代だったこと。私が「人生いかに生きるべきか」と悩みはじめている時に、「いかに死すべきか」と正反対の発想で人生を見つめていた同世代人がいたと知って、私はことばもなかった。

あの日あの時のいわくいいがたい思いが後を曳《ひ》いたためであろう。私はこれまでも三島由紀夫についてだれかと話す場合、あの時あなたはどこでなにをしていたか覚えているか、と問うことを心掛けてきた。

あれから三十年たったいまも、そんな昔のことは忘れてしまった、という答えには接した記憶がない。逆に質問された相手は、あの日あの時の自分の行動を得たりとばかり話し出すのがつねである。

カメラのシャッターは、数百分の一秒の速度で開閉して景色をフィルムに写しこむ。同様にしてわれわれの世代の脳裡には、三島、森田の激情と自分のなしつつあったことが一刹那《いちせつな》のうちにそろって焼きつけられてしまったのではあるまいか。

その後二年あまりの大学生活中に私のしたことは、大別して三つしかなかった。百枚の小説を書いて国文学科へ進学して、古典や現代小説をリンゴ箱十五、六箱分読んだこと。卒業論文として『三島由紀夫研究』百二十余枚を執筆したこと。卒論に取りかかる前に三島作品を創作年代順に読んだため、三島が十代のころから一貫して甘美な死に憧れる浪曼《ろうまん》主義者であったことは私なりに納得できた。

もう少しだけ、私事におつき合い願いたい。

その後私は、三十代後半かち歴史小説や歴史エッセイを書きはじめた。そのため戦国ないし幕末の動乱期に生き、あえて死地におもむいた武士階級の男女の辞世に接する機会が多くなった。

戦国の名花、細川ガラシャの辞世は、——。

散りぬべき時知りてこそ世のなかの花も花なれ人も人なれ　（傍点筆者、以下おなじ）

幕府から死罪を通告された吉田松陰《よしだしょういん》が、最後の著作『留魂録《りゅうこんろく》』の巻頭に記した一首は、——。

身はたとひ武蔵の野辺に朽《くち》ぬとも留置《とどめおか》まし大和魂

幕臣佐々木只三郎《ささきたださぶろう》、鳥羽伏見《とばふしみ》の戦いへの出撃の歌は、――。

世はなべてうつろふ霜にときめきぬこころづくしのしら菊の花

会津藩の藩校日新館《にっしんかん》和学所師範、野矢常方《のやつねかた》六十七歳が鶴ヶ城へ殺到した薩長勢にひとり立ちむかった時の歌は、――。

弓矢とる身にこそ知らめ時ありて散るを盛りの山桜花

ひるがえって三島由紀夫は、よく知られた辞世二首を残し、みずから選択した切腹という手段によって四十五年の生涯を完結させたのであった。

益荒男《ますらお》がたばさむ太刀の鞘鳴りに幾とせ耐へて今日の初霜

散るをいとふ世にも人にもさきがけて散るこそ花と吹く小夜嵐《さよあらし》

すでに引いた四首の辞世と、共通性のある作柄である。事件直後、三島の辞世を凡作といった一群の人々がいたが、これらの人々は以上の四首はどのように評するつもりなのか。それというのも、これら四首は今日も史誌のうちにしばしば引用される名歌だからである。「霜」、「散る」、「花」、「嵐」——辞世によくあらわれる伝統的歌語を三島が意識的に用いていることからも、かれが文人ではなく武人として死ぬ覚悟であったことは容易に察せられる。

森田必勝の辞世についても、おなじことがいえる。

今日にかけてかねて誓ひし我が胸の思ひを知るは野分《のわき》のみかは

森田の「胸の思ひ」は、当日かれらが携《たずさ》えていた「楯の会隊長」三島由紀夫執筆の「檄」に深く通底していたと考えねばならない。

その「檄」にいう。

「われわれは四年待った。最後の一年は熱烈に待った。もう待てぬ。（略）共に起《た》つて義のために共に死ぬのだ」

「生命尊重のみで、魂は死んでもよいのか。生命以上の価値なくして何の軍隊だ。今こそわれわれは生命尊重以上の価値の所在を諸君の目に見せてやる」

いうまでもなく三島は、戯曲をふくむ膨大な量の作品群とエッセイ、評論を書いた不世出の作家である。それだけに三島が右のような「檄」を飛ばすに至るまでの思索過程は、残された文章から検証してゆくことができる。

対して森田必勝は辞世一首しか残すことなく、まことに一陣の野分のようにこの世を烈しく駆け抜けていった。

三島由紀夫はなぜ死んだか、という問いには、すでに評論家たちが幾多の答案を書いた。しかし、

「森田必勝はなぜ死んだか」

という問いに充分な説得力をもって答えられる者は、あれから三十年間ついにあらわれなかった。それは、森田自身がその人生観に迫るための手掛りを、ほとんど残してくれなかったからにほかならない。

確実にいえるのは、これだけである。森田は湿気を吸ってみずから崩れる角砂糖のよう

な人生を拒み、能動的に死ぬことによって雄々しく自身の生を完結させようとする意思を三島と共有していた、――。

それにしても三島は、十代にして虚弱な体質と空襲の激化から夭折《ようせつ》を賛美。戦後は心中こそ芸術的な死に方とする独得の〈死の形而上学《けいじじょうがく》〉を身につけ、ついには士道に則《のっと》った死に方を実践することによって「生命尊重以上の価値の所在」をわれわれに提示して見せたのであった。

ただし最晩年にはこの三島にして輪廻転生《りんねてんしょう》思想を是とし、仏教的な唯心論哲学によって精神を武装し直す必要があった。時の流れを顧みれば、戦後だけに焦点を合わせても実に二十五年の歳月を閲《けみ》していた。

しかるに森田必勝の場合は、

「おれは三島先生のナンバー2《ツー》なんだ、茂は信じないだろうけど」

と古い友人上田茂に語っていたとはいえ、三島同様の複雑かつ長期にわたる精神の遍歴を重ねた果てにまったくおなじ結論に至った、とは物理的にも考えられない。森田必勝はあたかも〈壁抜けの秘術〉を使用したかのごとく、論理を超えて三島と最終行動のみをともにしたかに見える。

三島自身も、さすがに二十歳も年少の青年を死の同行者とすることになにがなし揺れ動くものがあったのであろう。ともに市ヶ谷へ乗りこみはしたが生き残るよう指示した楯の会隊員小賀正義《こがまさよし》に対し、左のような「命令書」を与えていた。

「今回の事件は楯の会隊長たる三島が計画、立案、命令し、学生長森田必勝が参画したるものである。三島の自刃は隊長としての責任上当然のことなるも、森田必勝の自刃は自ら進んで楯の会全会員および現下日本の憂国の志を抱く青年層を代表して、身自ら範をたれて青年の心意気を示さんとする鬼神を哭《な》かしむる凛烈《りんれつ》の行為である。

三島はともあれ森田の精神を後世に向かって恢弘《かいこう》せよ」

恢弘とは、世にひろめることをいう。

三島をしてここまでいわしめた森田必勝とは、一体どのような青年だったのか。

四

森田必勝の名は、正しくは「まさかつ」と読む。昭和二十年（一九四五）七月二十五日、三重県四日市市大治田《おばた》に住まう和吉・たま夫妻の次男として生まれた。明治三十三年（一九〇〇）生まれの和吉は、市内内部《うつべ》小学校の校長。同三十九年生まれのたまは女学校の代用教員をしていて、すでに一男三女に恵まれていた。

長女富士子（大正十四年〈一九二五〉生まれ）、長男治《おさむ》（昭和四年生まれ）、次女高根（同九年生まれ)、三女妙子《たえこ》(同十一年生まれ)。三人の娘たちの名前をつないでゆくと富士の高根に白妙の、と和歌のようになるところに夫妻の美意識がうかがわれる。それにしても気になるのは、やはり必勝という名の由来である。

それには戦前から臨海工業地帯として発展していた四日市が、昭和十八年に海軍燃料《ねんりょう》廠《しょう》が建設されて以降、軍事工業地帯へと変貌していた事実を合わせて見ておく必要がある。

同二十年六月中旬から米軍による爆撃のターゲットとされた四日市は、同月十八日の大空襲で死傷者・行方不明者合計千二百七十四人、全半焼家屋一万六百八十四戸の被害を受けたのを初めとして、計四回の大空襲に遭った(『四日市市史』第十三巻)。八月十五日の終戦までの間、空襲警報の発令されなかったのは計五日しかなかったから、森田家の人々はたまが五度目の臨月を迎えてからも防空壕へ避難するのに忙しかった。

森田家は三百三坪(一〇〇〇平方メートル)の敷地に築百年以上になる建坪四十坪の屋敷を構え、ほかに七反(六九四〇平方メートル)の田畑と十反以上の山林を所有していた。しかし空襲警報が鳴ってB29やP51の編隊が付近に爆弾、焼夷弾《しょういだん》を落としはじめると、家屋は激しく震動して壁土が砂のように崩れる。その母屋から二十メートル先の防空壕へ駆けこむ日々をつづけるうちに、たまは無事に男の子を出産した。

すると坊主頭にちょび髭をたくわえている和吉は、肉薄い顔だちのたまにいった。

「名前は平和《ひらかず》にしようか、必勝《まさかつ》としようか」

和吉は早く平和がもどることを願う一方で、この戦争には必に勝《まさ》つべし、と考えていた。

夫妻の結論もここに落ち着き、赤ん坊は必勝と名づけられることになった。

どうしてそんな名前をつけるのか。

治も高根も、父母の会話を聞いてそう感じたことをいまもはっきりと覚えている。

ただし必勝に、父母の顔だちを記憶に焼きつける余裕はなかった。結核を病んだ和吉は、二十三年一月に死亡。たまも腹膜炎を起こし、同年七月にその後を追ってしまったのである。

治は二十年に旧制富田《とみだ》中学を四年生で繰り上げ卒業させられ、敗戦直後の混乱のなかで一年浪人した形になり、翌年四月に地元に開設されたばかりの専門学校民生学園（翌年、海星学園と改称）へ進んでいた。

富士子はすでに嫁いでいた。だが父母が相ついで逝き、姉妹ふたりと幼い弟ひとりが残されては、森田家が立ちゆくかどうかはまだ二十歳《はたち》前の治の双肩に掛かってくる。高根を必勝の母代わりにした治は、初め売り食い、のちには反物やチリメンジャコ、干物の行商によってこの危機を凌いだ。

「四日市港へ行って外国航路の船員たちから『キャメル』や『ラッキー・ストライク』を安

く買い、闇市へ持っていって売るとかなりもうかったのです」

治は淡々と語る。反物を売る時は生地にあらかじめ純毛の糸を数本貼りつけておき、客の前でこれを燃やして反物全体が純毛製品であるかのように見せかけたこともあったそうだから、それにしてもこれは並の苦労ではない。

その治が市内南中学校の英語教師となって丸二年後の昭和二十六年四月、必勝は四日市市立河原田《かわらだ》小学校へ入学した。まだからだも小さくて友達を泣かすより泣かされる方。それでもはしゃぐのが好きで、遊び仲間からマサカッチャン、マカヤンと呼ばれ出した必勝は小学校四年までは成績良好であった。

「明るい子供です」

担任教師は、ＰＴＡの会合や授業参観にやってくるおっとりした顔だちの高根に伝えた。のちに必勝自身が整理した個人的アルバムには、小学三年生のかれが半袖半ズボン姿で左手にグローブをはめ、ピッチングに興ずる写真二葉が収められている。必勝自筆の解説文に曰く、

「一時はプロ野球の選手を夢みたものでした」

「スゴイドロップ／キャッチャーまで屆《届》きません」

小学四年生の学芸会終了直後、小僧に扮した姿のまま撮った写真には、こうある。

「一時、劇団『若草』が引っぱりに来ました。〝何で〟〝モダン・ダンスで〟」

髪を坊ちゃん刈りにした必勝少年は、目鼻だちのくっきりとした色白ふくよかな顔をしていて、まことに可愛らしい。

さて、先ほど必勝の成績の良かった時代を「小学校四年まで」としたのは、高根の証言による。では小学校五年の時なにがあったのかというと、書いておくべきことは三つある。第一は、治が結婚して共稼ぎの生活を送るようになったこと。第二は、これにともなって妙子と必勝が群馬県渋川《しぶかわ》市に住んでいた伯母（和吉の姉）森もとの家へ預けられたこと。

こうして必勝は五年の一学期を最後に河原田小学校から転校していったが、二学期を渋川市で送っただけでふたたび治のもとへ帰ってきた。子供はいないもののやはり夫婦そろって教師をしていた森もとが、

「きつい」

と治に言い送ってきたための措置であった。

しかも、兄のもとへ戻った必勝にはショッキングな第三の出来事が待っていた。母代わりの存在としてもっとも慕っていた二十二歳の姉高根が、結婚して生家を去ったのである。

「高根が嫁いだ時、弟にはかなりの動揺がありました」

他人にいいたくないことは、だれにでもある。治もことば少なにしか語らないが、後述

する必勝の高校時代の言動から察するに、これら一連の出来事はかれに相当の心の傷を与えたと思われる。

物心ついた時には、既定の事実と化していた母の不在。その母の代わりをつとめ、家族のうちで必勝ともっとも長く時間を共有してきた高根のあらたなる不在。

これものちに論拠を提示するが、必勝は結婚と相前後して自分を伯母に託した兄と嫂《あによめ》とを、自身の父母に代わり得る存在とみなしてはいなかった。

ともあれ、時は流れる。昭和三十三年四月、必勝はカトリック系の私立男子校海星中学校に入学した。エスコラピオス修道会の経営する海星中学校は、民生学園あらため海星高校に三十一年度から併設されたもの。この進路は、ともにカトリックを信仰するに至っていた治夫妻の希望に沿うものであった。

東へ四キロ足らずの位置に伊勢湾四日市港を見る大治田一帯は、地名も示すようにたいらかな田園地帯である。大治田二丁目の森田家から追分《おいわけ》一丁目にある同校へゆくには、左右に菜の花畑を眺めながら北へ十分も歩けばいい。

髪は丸刈り、その頭に学帽を載せ、学生服を着て通学しはじめた必勝の生活には、もうひとつの変化が生じた。

森田家の母屋は東西方向に板貼りの廊下をつけ、北側に玄関、応接室、風呂と台所、南側に仏間と床の間つきの部屋、居間、寝室がならんでいた。各部屋はすべて八畳敷きであったが、必勝は中学入学と同時にこの母屋を去り、北側にある八畳間に物置、沓《くつ》脱ぎつきの離れに起居することになったのである。

治は当時の必勝に対する教育方針を、こう説明する。

「父は、目の前で足を崩しただけで子を叱る厳格な人でした。その反動で、私は必勝を自由に育てました。離れはたまにしか覗きませんでした。それも必勝を信頼してやらねば、との考えからです」

やがて離れには、森もとも住まうようになった。彼女は夫と死別し、子もなかったため森田家に同居したのである。

五

兄の期待に違《たが》わず、必勝は元気に中学校生活を送りはじめた。次第に社会へも目をむけ出し、中三の夏に起稿した日記にはつぎのような記述が見える（森田必勝遺稿集『わが思想と行動』所収）。

「（昭和三十五年）十月十二日（水）晴

今日、僕が政治家で一番好きであったところの社会党の浅沼委員長が、十七歳の山口二《やまぐちおと》矢《や》という暴漢に刺殺された。

本当に可哀想《ママ》だ。日比谷公会堂での出来ごと――」

「十二月二日(金)晴
学校から帰る途中、川を直しているのを見ていたら、某市議会議員が、事情もろくたま知らないくせに、人夫の人にたてついてけつかったのでしゃくにさわった。

ぼくもあと十年たったら四日市市議になり四日市の発展と国民生活の向上、すみよい町にするために立候補しようと思う」

ただし必勝は翌年二月二日の日記に、

「嶋中事件の犯人小森一孝《こもりかずたか》捕まる」

と書き、

「ぼくは左翼だから小森がにくい」

と結んでいる。このことから見ても、右の記述とのちの行動とを短絡して考えることは早計に過ぎよう。

むしろ私が注目したいのは、このころから日記に孤独感を訴える文章がめだちはじめることである。

「大きな宇宙、大自然の中に、自分森田必勝という者をみつめた時、さみしい、□□□(判

読不明＝編者注）のように、誰かにすがりつきたいが誰もいない」（昭和三十六年一月一日）
「おれの心は傷ついた野獣」（同年五月三日）
「人間って何とつまらない動物だろう。わずか六十年の間にいろんな苦しみ悲しみ、楽しみ、喜びをし、黙々と生きているだけだ。だがおれはこういうバカくさい生き方はしたくない」（同年九月六日）
「人生のはかなさ、うつりかわりというものをつくづく感じる。（略）おれの心を本当に判ってくれるのが、この世の中に何人いるだろうか？　一人もいないのでは、ないだろうか」（三十七年一月二十九日）
昭和三十六年四月の時点で、必勝は付属の海星高校へ進学していた。思春期に世界との隔絶感に悩まされない者は、むしろ珍しいといってよい。
それにしても、つぎのような記述はどうか。
「おれは今ふと死にたい、鼻がつまって頭が重い、何でも壊したいような錯覚にとらわれる」（三十六年十一月二十七日）
「死にたくないが、死についてすごくあこがれる。このままポッと死んでしまったところで悲しむ者はいないし、遠いのじゃなくて漠然と憧れる」（三十七年十月十九日）
孤独感から「死」に憧れるのも、稀有なケースとはいいがたい。しかもカトリック――

ならずともキリスト教は、死してのち不滅の霊魂《アニマ》となり、天国に至るために信仰を守れと教える。必勝は中学の三年間担任だったマニエル神父と話しこんでいる姿を同級生たちに再三目撃されているから、ここには宗教的感覚の萌芽を感じ取ることもできる。

しかし、必勝にとって「死」は、むしろ母と再会するための方途として意識されていた。

「母へ

僕の母、白い手、黒い髪、白い大きな目、いつも天のどこかで僕を見守り、愛撫してくれる。お母さん、僕、今日学校で寝た。かんにんだよ。でもどこかでお母さんの声が、必勝、あと十分だからがんばりなさい、と聞えてきたよ。（略）そうか、お母さんのいる天国へ僕も行こうか。お父さんも待っていてくれると思うけど、きっと仲が良いんでしょうね」（同年五月十一日）

「おれはこれくらいのことでへこたれはしないが、やはり母がいないのが寂しい。おれはどうしてこんなに泣けてくるのだろう」（三十八年四月十一日）

ここでふたたび、必勝のアルバムに目をもどす。その巻頭には「森田家一族」の集合写真がかつて貼られていた。この写真は『わが思想と行動』のグラビア・ページに用いられたためアルバムから剝がされたままだが、生後五カ月の必勝はお宮参りの衣装を着せられて母の膝に抱かれ、そのまわりを和吉と四人の子供たちとが取り巻いている。

ちなみにこのアルバムは高二の時（三十七年四月〜三十八年三月）の写真でおわっているので、必勝が日記に「母がいないのが寂しい」と書いた前後に編集したものと思われる。そしてここに、治夫妻、その子供たち、伯母と必勝との集合写真は一枚もふくまれていない。

さらに見てゆくと、なんらかの理由で剥がされてしまったもう一枚の写真の左側には、こんなキャプションだけが残されている。

「高二／別荘の庭にて／本宅は裏の小屋」

森田家の母屋を「別荘」、自分の起居する離れを「本宅」と表現しているところに、冗談好きだったという必勝の人柄が感じられる。同時に「別荘」との隔絶感も、うっすらと読み取れる。

やはり必勝にとって、母の不在は痛かった。そぞろ思い出されるのは、デュルケームのことばであろう。

「家族は、自殺の強力な予防剤であるが、家族がさらに強固に構成されていればいるほど、いっそうよく自殺を抑止することができる」（『自殺論』宮島喬訳）

しかし、とここで私は付言しておかねばならない。

森田必勝は、パセティックな哀愁に浸って精神の成長を止めてしまうような脆弱《ぜいじゃく》な人間ではなかった。それとは正反対に寂寥感などおくびにも出さず、自分の信念に従って歩み入るべき世界を構築しようとする積極果敢な若者であった。

当初その驚くべき行動力は、日本各地へ無銭旅行、ヒッチハイクを敢行するという若々しい方法によって表現された。

昭和三十六年、高一の夏休みには七月二十三日から八月五日にかけて、友人たちと三人で九州へ自転車旅行。翌年の高二の夏には七月二十五日に別の三人で四日市を出発し、北海道へ徒歩とヒッチハイクの旅（八月九日札幌着、帰宅の日は不明）。

後者の旅の第一日目は、ライトバンと長距離トラックに乗せてもらって浜名湖まで到達。持参した毛布にくるまって海岸で寝ついたところで雨となり、浜名湖弁天島《べんてんじま》の公衆便所に泊した。第二夜は、また雨に降られて天龍川に程近い小学校の講堂に泊めてもらった。

それにしても、公衆便所泊まりとは。

南中学校の二年生と必勝より三歳年下ながら、誘われて同行した上田茂は回想する。

「朝はお礼に廊下の拭き掃除をして、また歩きました。途中で車を拾い、その日のうちに静岡に着きました。当時ヒッチハイクする人はいなかったので、かえってうまくいったんです」

上田茂は静岡で、もうひとりは東京で別れたが、必勝のみはその後も足を豆だらけにして北をめざした。かれは三十八年二月刊の校内誌『星塔』第九号に、この旅のレポートを寄せることになる。

「八月二日　小坊主になりそこねた義宮《よしのみや》
水戸の真応寺に泊めてもらう。（略）坊さんが、『家の子にしましょうか』だって僕を認めてくれてうれしかった」

「八月七日　評判通りの親切さ
（略）青森人の素朴さ、親切さには頭が下がる。自分の子供以上によくしてくれる」

必勝がもし冒険家を志していたら、植村直己《うえむらなおみ》の先駆者になったかも知れない。それにしても注意を惹かれるのは、必勝が善意の第三者に会うたび、自分をその人物の「子」に見立てていることである（義宮とは、昭和天皇の第二皇子常陸宮《ひたちのみや》の初名。必勝も次男だから、自分を義宮になぞらえている）。

　とはいえこの北海道単独ヒッチハイクによって、必勝は「自分の体力と精神力」に「自信」を得た。かれは高二の夏休みをおえるに際し、日記に上記のことばをふくむ「森田必勝最後の誓い」を書きつけている。

「おれには日本、いや世界を背負うという義務がある。（略）今から十七ヶ月間、頭のわれるようなトレーニングをやる。そして日本をおれがにぎってやる。どんな時にも負けない

人間にしておく。必ずや何かの形でおれが日本をにぎってやる」（三十七年九月二日）

「十七ヶ月」先にあるのは、大学受験である。大学進学が「日本をにぎってやる」ための一段階として捉えられているところに、必勝の個性の芽生えが感じられる。

高校生活においても、必勝は十七歳の夏からにわかに積極的になった。

海星高校では、各学年約八十人がA組約三十人、B組約五十人の二クラスに分けられるシステムになっていた。目安は成績で、上位三十番以内の者がA組となり、半年ごとにB組との間に若干の入れ替えがおこなわれる。

中・高六年間必勝と同級、いまは地元企業の代表取締役になっている伊藤傳一によると、かれらの学年のA組は二十八人。

「森田君もA組でしたが、理数系が不得意だったこともあってか二十八人中の七、八番をふらふらしていました」

だが高二の二学期、それまで高三の者のつとめていた生徒会長が二年生にバトン・タッチされることになると、必勝はこれに立候補して当選。やはり同級生でいまはデザイナーをしている塩竹政之も、このころ必勝の変化にひそかに注目していた。

「それまでの森田は、自己表現をしないタイプでした。それが高二のなかばからずいぶん前むきになって、自分の名前もマサカツではなくヒッショウと読み、『おれは必ず勝つぜ』

というようになりました」

柔道部に入っていた必勝は、部員の成田哲平（B組）という番長タイプの者とも仲良くなり、近くの河原で一緒に鶏をつぶして食べたりもした。

このように必勝が活発な高校生になっていった背景には、明らかにある家庭の影響があった。その家庭とは、すでに名前の出た上田茂の家である。

昭和三十五年、北九州から森田家へ五分もかからない距離に引っ越してきた上田家は、利夫（大正五年生まれ）・ミチコ（同十二年生まれ）夫妻に長女牧子（昭和二十年生まれ）、茂（同二十三年生まれ）、英子（同二十六年生まれ）の五人家族であった。当初、河原田小学校六年に転入した茂は、南中学へ進んだころから必勝と遊びはじめ、北海道へのヒッチハイクにも途中まで同行することになったのだ。

四日市コンビナートのプラント・エンジニアとして赴任してきた男盛りの利夫は、信州軽井沢の出身。背丈は百六十三、四センチと小柄で細身ながら骨太であり、家庭にあっては古き良き時代の父親そのものであった。

夏にはパンツ一枚、胸毛を見せた姿でどかりと卓袱台《ちゃぶだい》の前に胡坐《あぐら》をかき、子供たちに団扇《うちわ》で風を送らせながらビールを飲む。まだ未成年の子供たちにもビールを注いでやっては、ミチコにその日勤め先で起こったことを面白おかしく語り聞かせる。

ミチコと子供たちも近所や学校での出来事をわいわい話しながら団欒を楽しむ家風だった、と牧子はいう。

「御近所から、御飯を食べる時にあんなに大声で笑う家もないといわれたほどでした」

茂に誘われて上田家に出入りしはじめた必勝は、まもなくかれらとよく食事と団欒をともにするようになった。利夫・ミチコ夫妻が、

「よう、あがってゆけ」

「マサカッチャン、一緒に御飯を食べてゆけば」

と気さくに声を掛けてくれる人柄だったからである。森田治夫妻が三十二年生まれの長女・久美子につづいて三十六年に長男裕司に恵まれ、子守してくれる人を探していた時、

「上田のおばちゃん、いい人だから赤ちゃんを預かってもらえば」

と必勝が提案したのも、かれがすっかり利夫・ミチコ夫妻に懐いていたためであった。

必勝にはこれ以降、利夫を「父」、ミチコを「母」のイメージで捉えはじめた節がある。

「ぼくのマリアさまのような人」

と必勝がミチコを友人たちに紹介したことを、牧子はミチコから聞いている。ミチコがバス停にいるのを見かけたある日、必勝は用もないのに一緒にバスに乗りこんで「マリアさま」とのつかのまの旅を楽しんだこともあった。

一方かれは、利夫に理想の「父」を見出し、自分も「父」になろうと意識下で願いはじめていたようである。

だが利夫には胸毛があるのに、自分の胸には産毛《うぶげ》しか生えていない。利夫と自己とをなんとか同一化したいと願ってのことであろう。ある時かれは上田家で入浴するついでに、髭剃りで胸の産毛を剃ってしまった。

「弟がね、『マカヤン、阿呆ぞ。産毛を剃りやがった』っていったんですよ。あれには大笑いしました」

南中学から四日市高校へ進学、地元の大企業に勤務して今日に至っている牧子は、楽しい思い出の一齣《ひとこま》を語ってくれた。

必勝は利夫にせがみ、古いアルバムを見せてもらったこともあった。そこには利夫が早稲田実業学校の制服を着て、学章のバッジを付けた古い写真も収められていた。

それを凝視した必勝は、にわかに言い出した。

「あ、早稲田はいいな。ぼくも早大にゆきたい」

「おれは早実だし、それも夜間部だから大したことはねえよ」

利夫は恥じらいながら答えたが、もう必勝は早大ならば政経学部、という進学校の生徒らしい論理に走りはじめていた。

六

思春期の人間の発想法は、時として第三者の目には突拍子もないという印象を与えることがある。私にも思い出しただけで慚愧《ざんき》の念に駆られることは少なくないが、必勝はこのころ一見早熟なことに、早くも結婚に憧れはじめていた。

金沢大学工学部を出ていまはベテラン・エンジニアになっている上田茂は、森田必勝さんは兄貴のような人でした、生まれて初めて飲んだコーラも森田さんにおごってもらったものです、と前置きし、遠い風景を眺めるようなまなざしでインタビューに答えてくれた。

「ぼくの家は理想的な家庭でもなんでもないんですが、森田さんはうちの親父に父親像を見たのでしょう。そして森田さんは徹頭徹尾、血縁というか家族がほしかった」

恋をしたから結婚を考える、というのではない。「父」として家族を作りたい、それによって寂蓼感を解消したい、というひそかな願いが、必勝のうちに恋愛感情を育ませたように私には見える。

必勝の初恋の人は、上田家の長女牧子であった。高二の秋、十月四日の日記を引く。

「おれははじめて恋をした。それもあんないい奴と。好きだ、好きだ、震えるように好きだ。黒い瞳、つやのあるはだ、にきびっ面、どれもイカす。最高にイカす。もし失恋したらどうなるか、いやそんなことはないだろう」

四日市高校バレーボール部の選手だった牧子は、この年インター杯に出場するため秋田へ出かけた。

「帰ってきてからマサカッチャンがヒッチハイクで途中まで追ったんだ、というので『えっ』と思ったことがありました。ですが私はマサカッチャンを大事な友達と思っていても男性として意識してはいなかったので、取り合いませんでした」

と回想する牧子は、そのころは必勝から「まっこちゃん」と呼ばれていた。その牧子は、

「おれは早く結婚したいんだ」

と必勝が目の前でいった時にもそれを抽象的な結婚願望と見て、自分こそが恋の対象であることには気づかなかった。

しかし、必勝は一度牧子を富州原《とみすはら》の高根の家につれてゆき、牧子の知らないうちに高根にいったことがある。

「あの子と結婚するんや」

娘の周辺に、もっとも気を配るのは母親である。上田家にあって必勝の牧子に対する感情をいち早く見抜いたのは、やはりミチコであった。

ミチコはある日、またやってきた必勝にさりげなく伝えた。

「牧子といい友達でいてくれてありがとう」

これはむろん、それ以上の仲になろうとは思わないでほしい、という意味である。

「M子とは、良い友達であった、で終ろう。それがようやく判りかけてきた」（三十八年十月十五日）

ミチコのことばを受けたかのように必勝が日記に認《したた》めた年月日から逆算すると、これは必勝高三の夏から秋にかけての出来事であろう。それでも上田家は、子供たちの友人としてであればこれまで通りに必勝を受け入れつづけた。そのためいずれ牧子と茂は、その短くも烈しい生涯の私的側面をよく知る者となってゆく。

必勝の胸には、牧子への恋が終息するのと並行して結婚とはまた別の未来図が描かれつつあった。早大政経学部を卒業したら、「日本一の政治家になろう」（同年一月六日）。

では、そのためにはどうすべきか。

「河野一郎《こうのいちろう》の所へ弟子入りだ」（同年三月二十七日）

と日記に書いた必勝は、七月二十三日には河野一郎宛に手紙を投函した。

河野一郎は、必勝の志望していた早大政経学部出身の自民党代議士である。三十六年七月、池田勇人《いけだはやと》内閣の改造にあたって農相として入閣。三十七年七月には建設相に転じ、つぎの首相候補のひとりとみなされていたから、必勝はいずれ〃先輩〃たるべき河野の弟子になろうと考えたのであろう。

いうまでもなく、返事はくるはずもなかった。だが必勝には、思い立てば九州、北海道まで行ってしまう高校生離れした行動力がそなわっている。まもなくかれは直情径行、熱中型の気性の持ち主でもあることをようやくあらわにし、線を引いたばかりの未来図の実現にむかって無二無三に驀進《ばくしん》しはじめた。

この年の十月十五日午後一時から、四日市市民ホールでは河野一郎が「国づくり」と題して講演会をひらいた。授業を早退してこれを聞きに行った必勝は、その後玄関から河野が出てくるのを待って歩み出た。

なんですか、といった河野に、かれは、学帽を脱いで頼んだ。

「握手してください」

河野は、微笑して手を差し出した。

政治家が電柱とでも握手しかねない人種だとは、必勝はまだ思ってもいない。その日の日記には、少々思いこみの強過ぎることを書いた。

「感じいい。田舎の親父という感じだった。よし、まだ八分だが大学通ったら弟子入り決めた」

M子とは良い友達でおわろうという一文は、このすぐあとに書かれた。必勝が後日の日記に「僕の未来の親父である河野さん」と記している点に注目すれば、かれは三歳で死に別れた実父和吉、理想の父親像を見出した上田利夫につづく第三の「父」を河野に求めはじめていたようにも見える。

十一月十二日、河野がふたたび四日市市民ホールで講演することをその日の『中日新聞』朝刊で知った必勝は、平日であるにもかかわらず受験勉強そっちのけで駆けつけ、二度目の握手に成功。勢いに乗ってその場で弟子入りを申しこむ計画であったが、警備が厳しくてそこまでは事を運べなかった。

それでも必勝は、これで引き下がってしまう青年ではなかった。付属のインタビュー・ルームで河野の記者会見がおこなわれると知るや、大胆にもその部屋に紛れこんだ。

この日の日記には、あまりにも楽観的な記述がある。

「記者会見室まで入って行き、あの人の真正面にじっと立っていたから、きっと覚えていて下さるだろう、これであと一押しだ」

どうもこの時期、かれは思いこみが思いこみを呼ぶという一種の熱狂状態に陥っていたようである。こうなると、ゆきつくところまでゆかなければ熱は治まらない。

「兄貴に『急がば廻れ』と言われた。最近どうもおれは感情に走り過ぎたかもしれない。（略）M子とのことでこうなったのかもしれない」（同年十一月十九日）

と、やや自省しつつも「けれどもおれにはおれの生き方がある」(同)と気を取り直した必勝は、ついに河野への直訴を決断。自分を大人に見せようとして髪も口髭も伸ばしはじめ、二十二日に鉄道を乗りついで平塚へ行った。

こうしてかれは河野一郎事務所を訪問したが、あるじは不在。

「四日市で握手してもらった時、来いと言われました」

と玄関先で職員にいってみても、相手にしてはもらえなかった。そう書かれたこの日の日記は、以下のようにつづく。

「『来い』と言ったのは僕は聞かなかったが、夢中だったので、どこかでそうきこえたことにしておこう。まあ、とにかく最高に面白い」

それから三年二カ月後に早大に程近い「本部」にあらわれ、本を持たずに引っ越しをする学生はおれぐらいのものだ、と人を喰ったせりふを吐いた必勝の姿が二重写しに見えてくるような文章ではある。

この夜必勝がどこに泊まったかは不明だが、翌日には河野一郎の実弟で自民党参議院議員だった謙三の自宅をぶっつけ訪問し、今度はうまく面会することができた。

名刺をくれた謙三は、三重県出身の政治家から紹介状をもらった上で東京の兄の家へゆくよう助言して、こうつけ加えた。

「政治と言うものは、常に大衆の中に共にあるものだ。だから変わったことをしたらいかん。ひげもそりなさい」

おそらくこの一言によって、必勝は熱狂状態から醒めた。

「なんで、いきなり河野一郎なの。ぼさぼさ髪でそんな髭まで生やしていったら、疑われるに決まっているのに」

はきはきしたお姉さんタイプの牧子がこの話を打ち明けられてたしなめると、読書を好まないためか訥弁の嫌いがある必勝はぼそりと答えた。

「すぐ疑われたみたいやった。玄関先で粘ったんやけどねぇ」

それでもこれら一連の行動は必勝にとって吹聴《ふいちょう》するに足るものであったらしく、伊藤傳一も塩竹政之もほかの同級生たちも、ことごとくかれが河野一郎と握手してきた話を聞かされている。政治家になる、と口癖のようにいっていたこともよく覚えている。

かれはなにかをずっと探しているようだった、という牧子の受け止め方は、その意味で私には印象的に響いた。

物心ついた時にはすでに不在であった父母。「本宅」と「別荘」の距離感。優しく受け入れてくれるかに見えた上田家からも、さりげなく一線を画された自分――必勝の孤独でありながら人一倍熱い魂は、拠るべき新たな世界を求めて漂泊しはじめていたのかも知れない。

七

あけて昭和三十九年二月下旬から三月上旬にかけて、明治大学、早稲田大学その他を受験した森田必勝は、すべて不合格におわった。本稿の登場人物とのかかわりでいえば、園部信行が早大正門前の通りで靴磨き業を営みはじめたのはこのころのことか。

十月。カラーテレビの普及するなかで東京オリンピックが開催され、四十年がきた。この年の必勝の受験結果も、前年におなじ。二年間の浪人生活を送ったかれの苦い気持は、「日記」から充分にうかがうことができる。だが、その気持は受験生一般に共通するものだからここでは触れない。

ただ、必勝の政治に対する意識の変遷だけを押さえておく。

「全学連がなぐり込みをやる。全く頭へ来る。俺も木刀でも持って暴れたい心境だ。(略)全くバカな野郎たちだ」(三十九年七月三日)

『わが思想と行動』の編者宮崎正弘の注によれば、この日「全学連、革マル派と中核派が、未明に早大で壮烈な内ゲバをやった」のだという。

「中国の核実験、しないでもいいものをしやがって全く頭へ来る」(同年十月十七日)

「シードラゴンが佐世保に入港した。全学連に入って暴れたかった」（同年十一月十二日）
「大隈重信《おおくましげのぶ》―河野一郎―森田必勝
この三人は日本近代史上に残る人物と確信する。いずれ早稲田大学出身だから俺もなんとかして（入試に）通らなければならない」（四十年一月六日）
「今日、椎名外相訪韓で、全学連久しぶりに暴れる。俺の血も騒ぐ。だけど学生たちのエネルギーの発散所があゝいう形で出るのもどうかと思う」（同年二月十七日）
必勝はからだが頑健で、風邪ひとつ引いたこともない。よく歯を磨くので、虫歯は一本もない。それでも乱暴者などではさらになく、殴り合いをしたり人と大激論をしたりしたことは一度もなかった。
高校時代、かれが乱闘騒ぎに巻きこまれかけたのはただ一度だけである。
それは修学旅行で山口、長崎、大分、熊本とまわった最終日、必勝が成田哲平、伊藤傳一、塩竹政之その他と旅館街をぶらついている時に起こった。番長肌の成田が他校生徒七、八人と大喧嘩をした挙げ句、ナイフで左上腕部を切られたのである。
「やめとけ、やめとけ」
と成田を制した必勝は、その後はかれの負傷を教師の目から隠すことに率先して協力した。

そんな仲裁役の必勝のうちにすら、浪人生活をつづける間に木刀でも持って暴れたいという破壊衝動が起こったのは青年期特有の傾向であろうか。それが時に全学連の過激な行動に対する怒りと化し、また時には共感に変わるなど、まだ精神の針が左右に振れ動いているところが興味深い。

二浪決定直後の昭和四十年三月二十一日、必勝は自分を「総理(外相兼任)」とする組閣名簿を作成。五月三日には、やみくもに平塚の河野一郎事務所に押しかけた一年半前よりは、より具体的な自分の未来図を日記に描いた。

「俺としては25歳で(大学を)卒業して、三年間新聞記者をやり、三年間誰かの秘書をやる。そして(四日市の)市長になり、二期務めて、こんどは39歳で衆議院に立つ。そして三期務めて外務大臣になる。50歳だ。15年間、日本のために、そして、あとに続く日本民族のために、ゆるぎのない日本の地位をつくってやる。

70歳以後は完全に引退だ。そのときは女房と二人きりで、静かな生活を送りたい」

まもなく二十歳になろうという青年の、青雲の志溢れる青写真といってよい。目を惹くのは「あとに続く日本民族のため」「ゆるぎのない日本」という表現を必勝がここで初めて用いていることであろう。

「国づくり」と題されていた河野一郎の四日市講演。敗戦国日本がようやく国威発揚に成功した東京オリンピック——それらの影響を考慮する必要はあるにせよ、これはどうしても共産主義的、社会主義的な発想ではあり得ない。どちらかといえば右寄り、民族主義的な思想家のよく用いる表現である。

なぜ森田必勝は、後者に近い考え方の持ち主へと育っていったのか。

「お兄さんが日教組で忙しく活動しておられましたから、かれは心理的に反撥して右寄りになっていったようです」

と解説する者もある。だが、これははたしてどうか。

定年後に自叙伝を執筆するとしたら森田さんについてどう書こうかと考えることがある、という上田茂は、浪人時代の必勝のことばを教えてくれた。

「かれは、天皇家はすごいといっていました。代々家族がつづいている、日本で一番古い家だからすごいんだ、と。このような感覚も自分には親がいない、だから家庭、家族に憧れを抱くというところから進展していったものです。まず間違いありません」

私は、この証言を貴重と思う。

深い地層に眠る石器や化石を発掘する者は、若い地層から出てきたただの石や現生動物の骨をも石器や化石と思いこみたくなることがままある、という。私は本稿において同様の愚を犯したくないので、必勝のすべての言動を最後の行動との関連性においてのみ解釈するという筆法は採りたくない。

それにしてもここに私は、昭和四十五年十一月二十五日以降に上田家の人々が交わした会話だけは紹介しておきたい。

必勝のあまりに熾烈な最期を知った次女の英子は、深く悲しみながら父利夫にむかって口走っていた。

「必勝さんは、お父さんが殺したようなものだわ」

英子は、必勝が利夫にも早婚の希望を洩らすのを聞いたことがあった。まだ早い、と利夫が答えたことも。

「あんなことを、いわなければよかった」

と、ミチコも悔いた。「あんなこと」とは、いうまでもなく「牧子とはいい友達でいて」云々のことばを指している。

上田家の人々は一様に、必勝が同家からやんわりとながら一線を画されたことによって死への疾走を開始した、と解釈したのである。

私は必勝の敢然たる死の選択を厭世《えんせい》自殺とは見ないので、そのような考え方には立たない。ではなぜ上田家の人々が右のような会話を交わしたのかといえば、必勝は家庭に憧れを抱いていると全員が察知していたからにほかならない。

その結果、天皇家に尊敬の念を抱きはじめる——必勝もまた、浪曼の徒であったといってよいであろう。

昭和四十一年三月九日、必勝は早大教育学部に合格して長かった浪人生活に別れを告げた。

八

この年、森田必勝が早大政経学部も受験したのかどうかは、治も覚えていない。やはり二浪していた塩竹政之によると、塩竹が東京教育大学教育学部を受けると告げると必勝も一緒に願書を出した。しかし、そろって落ちてしまったのだという。

あるいは塩竹の示唆によって、必勝の視野には教育学部というコースも入ってきたのかも知れない。早大文系では政経学部が最難関だから、みたびこれに挑んだもののうまくはゆかず、教育学部にのみ合格したのかも知れない。

確実にいえるのは、必勝の合格判明以前から早大が騒然たる雰囲気につつまれていた、ということのみである。当時、学費値上げ反対その他の理由から大学側と闘争を始めていた早大共闘会議系の学生たちは、入試ボイコットを企図。大学側はキャンパスに機動隊を導入して入試を実施した、という経緯があった。

受験翌日の同年二月二十三日、必勝が日記に書いた早大の印象、――。

「早大がまったく警察学校化したようだ。下検（下見のことか）さえ行けず、情なくて仕方ない。本当にこうしやがった学生、ひいてはそうさせた大学が憎い。が、もし去年入っていたら、おそらく、このデモの指導者になっていた俺が、今は浪人。神様にまったく感謝しなけりゃいけないね」

合格通知を受けたあと、必勝が気にしたのは治が入学費用を出してくれるかどうかという問題だった、とある友人はいう。だがこれは、ただの杞憂というものであった。

戦後の混乱で自分は大学へゆけなかった治がすべてを用意してくれたため、必勝は渋谷区西原《にしはら》町三丁目に下宿住まいを始めることができた。ところが昭和四十一年度の早大の入学式は、共闘会議がふたたびバリケードを築いたこともあって五月にまでずれこんだ。

同時期、塩竹政之は代々木に下宿してシナリオ専門学校へ通いはじめている。入学式当日、新宿駅南口で塩竹に晴姿を見せることになっていた必勝は、かれを驚かせるに足る出立ちでやってきた。なんと必勝は、羽織袴に高下駄姿という一昔前の応援団長のような姿であらわれたのである。

「これで行くんや」

真っ白い歯を見せて、必勝はいった。塩竹はその羽織袴を、てっきり亡くなった父親の形見の品だと思った。

必勝は入学式の日から、すでにして早稲田の名物学生の資格充分であった、ともいえようか。

入学記念のアンケートに、かれは好きなことばとして書きつけた。

「我事に於て悔いず」

その必勝が憎みはじめたのは、左翼の学生たちであった。

「共闘会議は何の権利があってバリケードを築けるのだろう？　ヤツラの方法が僭越に思えてならない。力ずくでもバリケードを除く勇気ある学生はいないのか？」（同年五月、日付不明）

教育学部に、二浪の新入生は珍しい存在でもあった。そのため必勝は、年長者という理由でクラス委員に選ばれた。

クラス委員は、クラス委員総会に出席しなければならない。ところがそのころ早大教育学部の自治会はふたつに分裂し、一方は革マル（反日共系）、他方は民青（日共系）の壟断《ろうだん》するところとなっていた。

必勝が自分の出席した総会は革マル系と知って茫然とするうちに、ひとつの出会いが起こる。

「きのうのクラス委員総会で、早稲田精神丸出しの勇敢な先輩と知りあった。総会で、革マルの一方的な議事進行と、独善的な議事内容に怒って革マルのヤツらに単身、喰ってかかっていた。

ぼくは入学したばかりなので紛争の経過がよく判らないと言ったら『ジュリアン』に連れていってくれて、色々と話を聞かされる。左翼に対して学園正常化のために奮闘しているグループがあることを初めて知る。それでこそワセダ精神だ！」(同)

喫茶店「ジュリアン」の位置については、冒頭に記した。オーナーの名は、矢野潤。コンクリート会社の経営者のせがれで元首相小渕恵三《おぶちけいぞう》の早大合気道部の仲間でもあった矢野は、まだ大学院生であるにもかかわらず、二階建て五十席以上もある喫茶店をひらいていたのである。いずれ政界のフィクサーになろうとしていたといわれる矢野は、早大雄弁会OB、右寄りの学生らに店を開放し、料金は取らなかった。

この店を初めて必勝に紹介した「勇敢な先輩」は、名を斉藤英俊《さいとうひでとし》といった。必勝より二年早い昭和十八年旧満洲の生まれ、二松学舎《にしょうがくしゃ》付属高校の出身。卒業後三年間横浜の郵便局に勤めたが、振替用紙にスタンプを捺すだけの単調な日々に倦んで早大教育学部に入学し、この時は二年生になっていた。形としては三浪だから、必勝同様クラス委員に推されたのである。

蛇足をつけ加えると、いま語りつつある時点から十六年後の昭和五十七年（一九八二）、私は当時勤務していた文藝春秋の『週刊文春』編集部員として斉藤に初めて会った。むろん目の前の人物が、かつて必勝をオルグした男とはゆめにも思わない。用むきも別件だったが、かれから受けた印象はなかなか強烈であった。

第一点は、若き日のムハメッド・アリを想起させる精悍な風貌と大柄なからだの持ち主であること。第二点は、まことに弁舌が巧みで、しかも思わず笑ってしまうジョークがちりばめられること。

たとえば本稿を書くために久々に会ったところ、かれは自分と姉との旧満洲からの引き揚げ体験をつぎのように表現した。

「あの時は、山崎豊子《やまさきとよこ》の『大地の子』になりかけましてね」

生涯をおえようとしている人の消息を語った時には、

「もうほとんど歴史上の人物でして」

引き揚げ途中の苦労から八路軍、ひいては共産党を嫌悪するようになった斉藤は、革マルと民青とが対立した時には革マル側に立ち、革マルが総会を牛耳ろうとすればひとり堂々と非難の声を上げた。かれは少林寺拳法を身につけていたので、乱闘にも滅法強い。

私には、斉藤とむかいあい滔々たる反共の論理に耳を傾けている必勝の姿が目に浮かぶような気さえする。

ついで十一月初旬にキャンパスで必勝と再会した時、斉藤は告げた。

「早大紛争が二度と起こらぬよう、また共産主義に大学が侵されぬよう、有志が各大学に呼びかけ、十四日に尾崎記念館である組織を結成することになった、君も参加しないか」

必勝が即刻参加を約束したこの組織は、その名称を、

「日本学生同盟」

略して日学同といった。

やがて必勝が一冊の蔵書も持たずにやってきて住みこみ、押し入れをベッド代わりとした二階建ての古い「本部」とは、日学同の事務所のこと。家賃を出していたのは、これも矢野潤であった。

必勝は、斉藤に誘われた日のノートに書きつけている。

「俺の血が騒ぎ出した」

日本学生同盟については、宮崎正弘『三島由紀夫「以後」』に簡潔な要約がある。

「ここには早大OBの玉沢徳一郎《たまざわとくいちろう》(のちの防衛庁長官＝原注)らも出入りしていた。自民党の主張に賛同するグループは、雄弁会ルートを頼んで海部俊樹《かいふとしき》、小渕恵三らと連絡があった。一方で国士舘大学が総長挙げての組織支援を始めたが、結成から二ヵ月もしないうち

に避け難い衝突に遭遇した」

「年があけて昭和四十二年の正月に本部に遊びに行くと、玉沢グループと国士舘グループが去っていた。斉藤英俊、持丸博《もちまるひろし》、森田必勝、伊藤好雄、宮沢徹甫《みやざわてつほ》らがいて、機関紙創刊の準備をしていた」

持丸博を初代編集長として翌四十二年二月七日に刊行されるのは、『日本学生新聞』。やはり早大教育学部の二年生で新聞記者志望だった宮崎正弘も編集に参画した同紙創刊号には、林房雄、三島由紀夫のほか斉藤忠（ジャパン・タイムズ論説委員長）、中河幹子《なかがわみきこ》（歌人）、安西愛子《あんざいあいこ》（声楽家）、田村隆治（全日本教育父母会議専務理事）が祝辞を寄稿した。

「本当の青年の声を」

と題された、三島の一文の前半のみを引いておく。

「偏向なき学生組織は久しく待望されながら、今まで実現を見なかつた。青年には、強力な闘志と同時に服従への意志とがあり、その魅力を二つながら兼ねそなへた組織でなければ、真に青年の心をつかむことはできない。目的なき行動意欲は今、青年たちの鬱屈した心に漲《みなぎ》つてゐる。新しい学生組織はそれへの天窓をあけるものであらう。日本の天日はそこに輝いてゐる」

なお三島は昭和四十一年六月、河出書房新社から「英霊の聲《こえ》」、「憂国」、「十日の菊」の二・二六事件三部作とあとがき代わりのエッセイ「二・二六事件と私」から成る『英霊の聲』を刊行。ライフ・ワーク『豊饒《ほうじょう》の海』の第一巻『春の雪』を執筆完了し、第二巻『奔馬』に取りかかっていた。

それより先、「憂国」が三島自身の主演、監督で映画化され、成人映画の指定を受けて封切られたのは四十一年四月七日からのこと。三島演ずる二・二六の蹶起《けっき》に参加できなかった青年将校の切腹シーンが巷《ちまた》の話題となったのは、周知のことであろう。

ところが三島は、並行して同年秋から「祖国防衛隊」構想を抱懐するに至っていた。その草案の、第一条は左のごとし。

「祖国防衛隊は民兵を以て組織し、有事の際の動員に備へ、年一回以上の訓練教育を受ける義務を負ふ」(「日本はこれでいいのか」=伊達宗克《だてむねかつ》『裁判記録「三島由紀夫事件」』所収)

「偏向教育によつてイデオロギッシュな非武装平和論を叩き込まれた青年たち」(同)を嫌った三島は、持丸博、斉藤英俊、宮崎正弘らから接触されるや、民族主義的色彩の顕著な日学同運動を林房雄とともに大いに応援しようと思ったのである。

このころ三島は、つぎのようにも書いている。

「私の癒やしがたい観念のなかでは、老年は永遠に醜く、青年は永遠に美しい。老年の知恵は永遠に迷蒙であり、青年の行動は永遠に透徹している」(「二・二六事件と私」)

三島が日学同の「青年」たちに「美」と「透徹」を、そして「祖国防衛隊」の隊員たり得る可能性を見出したことは疑いを容れない。

必勝も夕方には『毎日新聞』の発送のアルバイトをして生活費を稼ぎながら、『古事記』『日本書紀』、建国記念日の由来などを学びはじめた。なお昭和四十二年は、二月十一日が初めて「建国記念の日」として祝われた年でもある。

同月二十一日には防衛問題を研究するクラブ国防部を創設することになり、必勝と斉藤、宮崎ほか一名はこちらの担当と決まった。

「入学したら国防部に入らない？」

また巡ってきた入試の季節、部費捻出のため合否電報の受付をしていた必勝が人懐こくある女子受験生に声を掛けると、彼女は逆に問い返した。

「あなた右翼なの？」

そのころ日学同本部にそなえられていた「連絡ノート」によると、必勝は春休みに帰省した間に伊勢神宮に参拝し、国旗への思い入れを一段と強くした。四日市は、かつては「神風の」と枕詞《まくらことば》を付せられた旧伊勢国に属する。

「あの素晴らしい白地に赤の日の丸、幾何学的にも、世界一美しい旗を、心ある一部の人々をのぞいて、多くの日本人はなぜ無関心でいるのでしょう」

時に森田必勝、二十二歳。

対して四十二歳の三島由紀夫は、この年四月十二日に自衛隊に初めて体験入隊をおこなった。五月二十七日までかれが単身入営したのは、久留米陸上自衛隊の前川駐屯地ほかであった。

その前後に、三島が「祖国防衛隊」構想を練っていることは日学同にも伝わってきていた。

「世界的に著名な作家が私兵軍団を作るなんて、ヘミングウェイみたいだね」(『三島由紀夫「以後」』)

と宮崎に笑いかけた必勝は、「連絡ノート」にはこう書いた。

「民間防衛隊は大いに結構だし、俺はいつでもやる覚悟はあるけれど、あのキザな三島さんが、それをやるというのは何かチグハグな感じだ」

必勝はまだ、三島と会ったことがない。三島文学も、『英霊の聲』ぐらいしか読んでいなかった、と宮崎はいう。

しかし、革マルや社青同などの左翼学生勢力に較べれば、それに対抗する民族派の日学同は圧倒的な少数派である。ヘルメットをかむり、ゲバ棒を振るうかれらと戦うため、必勝たちの活動も時に暴力的色彩を帯びざるを得なくなった。

必勝執筆の「早大国防部活動日誌」の一節、――。

「深夜、酒の勢いで早大正門の左翼の看板を十枚近くたたき壊した。ところが、運悪く、経済学部地下で社青同が大会の真最中、すぐ五十人くらいが出てきたのでしばし乱闘後退却した。ひさびさのスリルを味わう」(四月二十九日)

入学後まもなく、必勝は早大空手部にも入部していた。日学同本部にベンチ・プレスのセットが置かれ、からだを鍛える者がいたのも武闘にそなえてのことであった。

ビラ作り、ビラまき、立看板作り、場所取り、クラス回り、クラス討論、アジ演説、他大学にまで出かけてのオルグと時に乱闘の日々。その先に、必勝には三島由紀夫との邂逅《かいこう》が待っていた。

九

ふたりがやがて急接近することになるきっかけは、同年六月十九日、銀座八丁目の喫茶店「ビクトリア」でおこなわれた三島由紀夫と早大国防部代表たちとの会見にあった、と考えてよいようである。「早大国防部活動日誌」同日の項によれば、国防部代表たちは、これ以前に自分たちも自衛隊に体験入隊したいとの希望を三島に伝えてあった。自衛隊とかれらとの仲介役をつとめた三島がこの日かれらに入営内定地として示したのは、陸上自衛隊の北海道北恵庭《きたえにわ》駐屯地であった。

残念なことに、この日必勝が三島にどのような印象を受けたのかを伝える資料は管見に入らない。当日、必勝は「ビクトリア」での会合には参加していなかったという者もある。とはいえそれからわずか三日後の日記に、必勝が左のように記しているのは看過できない。

「日本人とは何か、いったいいかなるときでも、最上の死に方が出来るのが日本人なのか」

必勝がすでに『英霊の聲』を読んでいたのなら、ここに三島がかれに送った最初の風の音を聞いてよいのかも知れない。

三島は「二・二六事件と私」に書いていた。「憂国」において「私」は「狂はずして自刃した人間の至福と美」を描いた。それによって「死に接した生の花火のやうな爆発を表現しようと試みた」のだ、と。

必勝はこのような感覚を直感的に理解できる人間だった、と私は思う。あえてここまで書かずにきたが、必勝には「死にたくないが、死についてすごくあこがれることがある」と日記に記した高校時代から、自分が大一番と感じた場合には比喩的ではあれ「死」ということばを使用する傾きが見られた。

「M子を思いっ切り、死んでもいいから、何とかして彼女に俺の心が判ってもらえないかなあ」（三十七年一月二十九日）

「今の最大の希望は早稲田大学第一政治経済学部へ入ることだ。死にものぐるいだ」（三十八年三月三十日）

「（二浪後の受験は）三度めの正直だ。（略）こんどは死にもの狂いでやれるだけやる。それでだめなら、腹を切る。本当に死ぬ」（四十年三月二十八日）

単なる文章上の癖ではない。

やはり二浪して四十三年四月に金沢大学へ進んだ上田茂は、「大学に入ったころ」帰郷した必勝にお説教をされたことがある。

「なにかする時、茂は命を懸けてできるのか」

特に大学紛争について語る際、必勝は再三そうたずねた。

そして、四十二年七月二日から一週間にわたった北恵庭駐屯地への体験入隊。戦車にまで乗ることのできた必勝は、「早大国防部活動日誌」に左のような「総括」を書きつけている。

「今回の体験入隊、とくに学生が自ら望んで軍事訓練にいそしむことは、おそらく戦後初めてのことだろう。われわれは民族戦線の前衛として、『先導的試行』を繰返しつつ前進してゆかねばならない」

必勝はその前文に「自衛隊で気付いたこと」として、「憲法について多くを語りたがらない」ことと、「クーデターを起こす意志を明らかにした隊員が居ないのは残念だった」ことを挙げている。

「死」。憲法改正。自衛隊のクーデター。三島由紀夫と親しくなる以前から、必勝の脳裡にはすでにこのようなイメージが揺曳《ようえい》しはじめていたのである。

ついで半藤一利原作の映画「日本の一番長い日」を観た八月二十一日の日誌に、

「国体の護持」

と、必勝は初めて書いた。

「この五字のために最後まで闘おうとした畑中、軍の統制が取れずに、責任をとって自決した阿南《あなみ》陸相、つくづく感じたのは、もしあの非常時に於て天皇がいなかったら、日本はもっとやられていたのではないかということ」

また必勝は体験入隊以前から、矢野潤に徳富蘇峰《とくとみそほう》の歌と教えられた左の文句を愛吟するようになっていた。

「俺の恋人、誰かと思う、神のつくりた日本国」

あまりにも幼い日に死別して、いまは生前の面影すら記憶から失われてしまっている父母。暖かな上田家と、その長女牧子。河野一郎。早大政経学部——うちに孤独を秘めた必勝の熱い心は、つねになにか眷恋《けんれん》し得るに足る対象を追い求めてきた。

遠距離思慕、虚空象嵌《こくうぞうがん》というと日本浪曼派好みの文芸用語になってしまうが、加えて必勝には、いったん思い定めたらその目的を実現するために猛進してやまない生一本かつ豪胆な精神がそなわっていた。「死」を忌むべきものとせず、むしろ親炙《しんしゃ》して憧れを抱く傾向も。

このように足跡をたどってくると、必勝と三島がまもなく急接近するのは、まことに自然な流れであったように思われる。

なお、今日われわれが読むことのできる必勝の日記は、国体護持に触れた前述の八月二十一日の項でおわっている。必勝が筆を投じてしまったからではない。かれ自身の意志により、ある時点で廃棄されたのである。

ある時点——その意味するところは、もはやいうまでもあるまい。

第二章

ノサップ

一

昭和四十五年（一九七〇）十一月二十五日、陸上自衛隊市ヶ谷駐屯地において三島由紀夫とともに自刃した森田必勝《もりたまさかつ》。そろって楯の会隊員古賀浩靖《こがひろやす》の介錯《かいしゃく》を受けた両人の頭部の写真は、『朝日新聞』同日付夕刊の第一面に掲載された。

だが、仙台で学生生活を送っていた私がこの写真に異様な感銘を受けつつ見入ったのは、翌朝になってからのことであった。当時、仙台で全国紙は朝刊しか発行されていない。東京で当日夕刊に出る記事は、翌日の朝刊に刷りこまれるシステムだったからである。

つづいて新聞雑誌がこぞって紹介したのは、楯の会の制服制帽を着用した必勝の肖像写真であった。今日も実兄森田治の家に飾られているこの写真は、必勝がすでに死を決してあまりにも澄んだ表情でカメラに対しているだけに、同時代人に一種の錯覚を生じさせたのではなかったか。必勝という名といい軍服そのものの制服姿といい、この青年は頑迷きわまりない国粋主義者だったに違いない、と。

このように偏頗《へんぱ》な先入観に捉われていては、一斑《いっぱん》をもって全豹《ぜんぴょう》を卜《ぼく》し違える愚を犯すことになりかねない。少なくとも森田必勝の個性と実像には、とても肉薄できない。

本稿ではここまでそう考えながら私なりにその人生を跡づけてきたつもりだが、必勝が日本学生同盟（日学同）およびその支部にあたる早大国防部の活動にいそしんでいた時代の友人たちの証言から浮かびあがるのは、やはり「獅子吼《ししく》する蔣介石《しょうかいせき》」のように眦《まなじり》を決した姿ではなかった。むしろ稚気にあふれ、うちに人恋しさと若さゆえの熱さとをそなえた初々しい精神の佇まいであった。

宮崎正弘はいう。

「デモにゆく時など、ふと振り返ると森田の姿がない。あれ、と思って見わたすと、かれは通りかかった子供たちになにか話しかけて楽しそうに白い歯をみせている、ということがしばしばでした。本当に森田は、大学生には珍しく子供好きな性格でした」

斉藤英俊《さいとうひでとし》は、また別の姿を思い出す。

「ほかの大学へオルグにゆくのに電車に乗りたい、しかしお金がないという場合、森田は入場券だけ買ってホームに入ってしまうんです。降りたら改札の駅員ににっこり笑い、『失礼しまァす』といって、あれよあれよという間に出てしまう。この『失礼しまァす』が、森田は好きなんです」

仲間たちが政治について議論する場合、決して雄弁とはいえない必勝は聞き役にまわることが多かった。そして時折、

「さすが！」

と口をはさんで、笑みを浮かべた。

この「さすが」は私たちベビー・ブーム世代の者が若かったころに流行したことばだが、必勝はこれを「サースガッ」というように発音したという。

昭和四十二年五月十九日、文京区小石川の東京教育大学へ家永三郎《いえながさぶろう》教授の教科書問題批判のため集会をひらきに行った時には、その門前で記念写真を撮ってもらうという茶目っ気も見せた。必勝は二浪目の四十一年三月、塩竹政之とともに東京教育大学を受けたものの不合格におわった。だからこれは、古戦場の再訪記念といった意味合いであろう。

おなじ四十二年の六月十八日、日学同幹部十四人のひとりとして鎌倉浄明寺《じょうみょうじ》の林房雄邸のパーティに招かれた際には、必勝はちょいと勇み足をした。酔って元気になり過ぎ、庭の桜の木を伐採して林を鼻白ませてしまったのである。

麻布《あざぶ》獣医科大学から日学同に参加した野田隆史によれば、必勝の好きな女優は、藤村志保。おなじく早大政経学部の同学年だった山本之聞《やまもとしもん》によると、ジューク・ボックスのあるゴーゴー喫茶へ行った時など、かれは以下のような曲目を少し高めの音域で歌った。

黛《まゆずみ》ジュン「天使の誘惑」(四十三年)、カルメン・マキ「時には母のない子のように」(四十四年)、菅原洋一「今日でお別れ」(同)。

「天使の誘惑」の歌い出しは、

「好きなのにあの人はいない」

「時には母のない子のように」のそれは、曲名とおなじである。

必勝がなぜこのような歌を好んだのか、という問題については、もはや筆を控える。だが本稿のための取材に応じてくれた元日学同のメンバーのひとりは、私が必勝の人物像をより鮮やかに甦らせてもらうべく右の曲名を口にしたところ、驚いたように問い返した。

「え、『今日でお別れ』ですって」

この反応にも、あまりに鮮烈であった必勝の死からすべてを解釈しようとする傾向が見える。必勝の生と死は、その面影を知る人々にそれほどまでにインパクトを与えつづけて今日に至っているのである。

では、以上のようにおのれの感情表現になんの飾るところもなかった必勝の人となりを念頭に置いて、昭和四十二年七月、陸上自衛隊北恵庭《きたえにわ》駐屯地への体験入隊をおえてからのかれの足跡をたどってゆきたい。

二

月日を確定しがたいのが口惜しいところだが、おそらく同年九月の新学期がはじまったころのことである。森田必勝には高校時代の友人との、よもやの別れが待っていた。

その友人とは、海星高校の同窓生成田哲平。柔道部員で番長肌でもあった成田は、修学旅行中に他校生徒七、八名と乱闘し、ナイフで左上腕部を切られたあの猛者《もさ》である。かれは二浪組の必勝、塩竹政之に先んじて拓殖大学へ進学していたが、必勝たちの上京後は時々会って三人で旧交を暖める関係にあった。

ところがある日、必勝が塩竹の代々木の下宿へ遊びにゆくと、成田が四畳しかない部屋にやってきてにわかに言い出した。

「お前らとは、もう連絡をつけられん」

唖然としている必勝と塩竹に、成田は濃い眉を寄せて説明した。

「おれは、横浜のやくざの娘と結婚することになった。明日あっちの世界に行くから、もうお前らとは会えんのだ」

なんと成田は、ふたりに今生《こんじょう》の別れを告げるためにあらわれたのであった。

いまは髪も薄くなっている、塩竹政之の回想、――。

「成田が涙を流しながら語るので、森田とおれは『困ったな』という感じでした。それでも徹夜で話をしてコーヒーを飲み、翌朝、ふたりで成田を新宿駅西口まで送っていって別れました。それ以来、成田とは会っていません。かれはきっと、やくざの親分になっているのでしょう」

必勝は、次元の異なる世界へ去ってゆく友人の後姿を初めて見たことになる。

私はこの成田哲平なる人物が「あっちの世界」から必勝のその後の行動をどう見ていたかを知りたく思い、海星高校へ出かけていって卒業生名簿に当たったりした。

しかし、成田の名とそこで知った旧住所とを神奈川県警筋に伝えて教えを乞うと、意外な返事がもどってきた。

「その人物は昭和五十二年までに、ノミ行為、恐喝、賭博など合計八回の犯罪歴を残しています。ですがその後丸々二十年以上犯罪歴がないので、この人物はもう死んだのではないか、とわれわれは見ています」

成田と必勝とが互いの心になにかを残し合っていたと仮定しても、その「なにか」ははかなくて永遠の謎となった。

季節は、夏から秋へ。

四十二年十月八日には、反日共系全学連が大事件を起こした。その事件とは、私が前章で、

「佐藤栄作《さとうえいさく》首相の東南アジア諸国歴訪阻止を叫ぶ反日共系全学連が羽田付近で機動隊と衝突した」

と要約しておいた出来事である。

当時の警視庁発表によれば、全学連側の人数は約二千五百、警官隊は約二千。断続して起こった両者の衝突の結果、十八歳の京大生山崎博昭が死亡、学生十七人と警官六百四十六人が重軽傷を負い、警備車七台が放火されて炎上した。

必勝は同日の「日学同連絡ノート」に、山崎博昭の死について感想を書いた。

「全学連暴れる。一人頭蓋骨骨折で死ぬ。当然のこと、責任ある行為をしようと思えば、死ぬことも悔いずと日頃から思っている俺にとって、彼の行為も美しいものだと思ったが、残念ながら彼の死は、彼等の運転する車にひかれたのだから話にならない」（傍点筆者、以下おなじ）

副文脈中とはいえ、「死」を「美しいもの」とみなす感覚が初めて顔を覗かせていることに注意したい。

この感想を、必勝はつぎのように締め括った。

「機動隊を六〇〇余人ケガさせた彼等のファイトが、いつ俺の所属する国防部とぶつかるのかと思うと、ぞくぞくする。決意を新たにし、心身を鍛えようと思う」

必勝が日学同本部周辺をジョギングするかたわら、

「おはよう」

と商店街の人々に挨拶して顔を覚えられたのは、早大国防部が右のような理由から早朝トレーニングをおこなっていたためでもあった。

このころ日学同の新民族主義運動《ネオ・ナシヨナリズム》は、隆盛期にある。十月十四日、新宿区神楽坂《かぐらざか》の都教育会館には都内各大学から六十数人の代議員が集まって代議員会をひらき、中央執行委員長に斉藤英俊を選出した。

書記局長は、機関紙『日本学生新聞』の発行責任者でもある持丸博《もちまるひろし》。四人の中央執行委員のひとりは宮崎正弘であり、中央委員十三人のうちには、早大政経学部二年生の伊藤好雄も名をつらねていた。

十一月十一日に迫った日学同結成一周年大会を視野に入れたこの会では、大会宣言の草案も検討された。そこに盛りこまれるべき四つの主題は、「我々の世界観」、「反共の理論」、「現憲法への我々の姿勢」、「我国国防の在り方」（『日本学生新聞』四十二年十一月一日付）。日学同の立場は、憲法改正、日本独自の核武装論である。

むろん、必勝もこの日会場にいた。

「各大学の活動報告も活発でよかったし、何よりも日学同が全国へその影響力を持ち始めたことが喜ばしいと思う」

と「早大国防部活動日誌」に書いたかれは、一方では二日後に迫ったさる女子大生とのデートを楽しみにする青年でもあった。

十月十六日の「日学同連絡ノート」には、必勝のデートを揶揄した後輩の文章が記載されている。

「本日、旧同志森田必勝氏はやにさがりながら本部に帰ってきた。『やにさがりながら』の原因を追及したところ、彼はまたもや、やにさがりながら答弁し始めた。(略)

森田氏曰く――

ボクは自己批判しなくてはならない。(そうだ！　とのヤジ)

ボクは自己の使命を、今日まさに見誤ってしまった。なぜならば、F子さんなる女子学生の出現は私(し)と公(こう)を倒錯さすために充分であったからなのだ。(論理なし！ナンセンス！　の声あり)」

このような小春日和に似た一日をはさみながらも、必勝は少しずつ過去の自分に訣別していったように思われる。

この十月中に、必勝は矢野潤と夜更けまで語り合った内容の一部を右のノートに書きつけている(日付不明)。

「ぼくは政治家志望だった」

しかし、と、かれはつづけた。

「政治家は、汚辱にまみれた自己の経歴の中からしか得られぬとするなら、ぼくは政治家になるのをやめなければならない」

「政治にロマンを！」

職業政治家ではない政治家——学生活動家への階段を、必勝は一歩一歩昇っていった。

前述の十一月一日付『日本学生新聞』第二面には、「早大国防部　森田必勝」名義の論文が初めて掲載された。題して「日本の核政策をめぐって」。

「『非武装中立』という考え方は、戦争放棄の平和憲法をもつ日本の生んだ『特殊で珍妙な構想』といえよう」

と非武装中立論を切って捨てたこの論文は、返す刀で日米安保体制をも批判し、日本核武装論を展開している。

「今、日本が単独で防衛することになれば、自衛隊は限定戦争にすら対処することが出来ず、核攻撃を受けた場合、日本は歴史から消失してしまう結果となるだろう」

「『核戦争』の脅威が重くのしかかっている状況では、日本が核武装する以外にないのだ」

これは必勝の私見ではない。実はかれが執筆したものでもない、と当時の関係者たちはいう。

ただし、日学同中央が「我国国防の在り方」をこのような日米安保体制克服論によって捉えようとしていたことは事実であり、そのコンセンサスが必勝の署名記事という形で機関紙に公表された点に意味がある。「早大国防部　森田必勝」は、もはや日学同における「その他大勢のひとり」ではなくなっていた。

十一月三日、その必勝は矢野潤、斉藤英俊、宮崎正弘ほか四人と明治神宮に参拝、日学同の同盟旗への入魂式をおこなった。この旗には、三種の神器が現代風のデザインにアレンジされて描かれていた。

この入魂式には東京12チャンネル・テレビのクルーも取材にきたから、日学同はこのころからマスコミの注目を浴びはじめていた、といえよう。

同月十一日、千駄ヶ谷《せんだがや》の野口英世《のぐちひでよ》記念館でひらかれた日学同結成一周年大会は、五百人近い同志たちを集めて成功裡に幕を閉じた。

生活費と活動費の捻出のため各種のアルバイトに励んでいたこのころの必勝の横顔を、早大国防部の一年先輩大石晃嗣（日学同中央委員）はつぎのように語っている。

「彼とは二回ばかり長距離トラックの輸送をやりました。一度静岡の清水市へ行ったとき、二四六号線の箱根の難所で、運転しているぼくでさえこわいのに、彼はグーグー寝ている。『おい森田、こわくないのか？』と聞くと『こんな所で死んだら上等だよ』と豪快に笑いました。未明に美[三]保の松原で（タイヤが＝筆者注）砂にめり込んで途方にくれたときも『かまやしねェよ大石君、朝になったら車が来るから、それまで寝ようぜ』と人をくった態度でした」（『わが思想と行動』）
大石はおそらく、必勝が高二の夏のヒッチハイクの途中、浜名湖弁天島《はまなこべんてんじま》の公衆便所に泊まったことまでは知らなかったのであろう。

三

あけて昭和四十三年（一九六八）は、世界各地で学生紛争の巻き起こる年となった。フランスのパリ大学ナンテール分校で学生と警官隊とが衝突し、それをきっかけとして学生・労働者がゼネ・ストに突入した「五月革命」は、この年の出来事である。

日本にあっては一月十七日から、「エンプラ寄港阻止」を唱える「佐世保《させぼ》闘争」が発生した。これはアメリカ海軍保有の世界最大の原子力空母「エンタープライズ」が、ベトナム戦争のつづく同国海域へ進出する途中、佐世保に寄港すると知れたことが発端となった（十九日入港、二十三日出港）。

「佐世保闘争」に参加した学生主力は反日共系の全学連三派であったが、日学同もこれに無関心ではいられない。斉藤英俊と宮崎正弘が現地にゆき、三派のデモに紛れこんだりしながら苦心のオルグをこころみた。

その動きを受けて、必勝は「日学同連絡ノート」に記入した。

「佐世保の宮崎さんから電話。現地の生々しい情況が伝わる。（略）日学同のビラは現地でも評判とのこと。

早稲田で（ビラを）七千枚配布したと報告（略）」（一月十八日）

さらに一月二十九日には、東大医学部学生自治会がインターン制度廃止にともなう登録医師制度に反対し、無期限ストに突入。これによって東大紛争がはじまり、前後して中央大学も学費値上げ反対から無期限ストに入った。

これら一連の紛争を間近に眺めていた必勝の熱い心には、このころから、ある種の結晶作用がはじまったのではあるまいか。

「権謀術数と党派利益をあげるだけの左翼学生運動と、信義を重んじるわれわれとの勝負はこれからだ」（同二月、日付不明）

「織田信長《おだのぶなが》が、家来たちの反対を押し切って桶狭間《おけはざま》の戦いへ出かけるときの孤独――男として人生最大のクライマックスであったろう。俺の人生にも信長のような、緊張し、凝縮された生の瞬間が訪れるだろうか？」（同、同）

つづけて必勝は、

「吉田松陰《よしだしょういん》が決死の覚悟で米国船へ密航したときの心境、……明治維新の志士たちの心意気が日本を侵略から救ったのだ！」

と記し、

「明治維新烈士の人物で誰が好きか」

という問いに対する自分の答えを書いている。

「志士なら誰でも好き、土方歳三《ひじかたとしぞう》なんか最高」

その理由は、つぎのごとし。

「土方は幕府方だが、男として、たえず権力に反発し、最後まで新政府に叛旗をひるがえした挑戦の態度がいい」

必勝は司馬遼太郎《しばりょうたろう》の『燃えよ剣』を読んで以来、新選組副長（のち隊長）として鳥羽伏見《とばふしみ》の戦いから箱館《はこだて》戦争までを戦い、ついに戦場に散った土方を敬愛するようになったのである。


それにしてもこの時期、必勝が「緊張し、凝縮された生の瞬間」を意識下で待ち望むようになり、ほぼ同時に「志士」、「烈士」ということばを使いはじめたのは興味深い事実といわねばならない。いずれ必勝自身が、「烈士」と呼ばれる存在と化するのだから。

なお日学同は、斉藤、宮崎が佐世保から帰ってまもなく本部を新宿区戸塚町一丁目百九十四番地へ移した。一戸建ての二階家だった旧本部が、道路拡幅工事に引っ掛って立ち退き命令を受けたためである。

新しい本部は早大正門にむかって右側、大隈通りの郵便局の角を右折した突き当たりにあるマンション「早稲田ハウス」三階D号室の広めの2DK。手前には銭湯、左右には木造アパートと都電の車庫があり、背後には都電通りが走っていた。

必勝はこの「早稲田ハウス」や鶴巻小学校裏手にあった持丸博の下宿に寝泊まりし、依然として自分の下宿を持たない日々を送っていった。

四

さて、三島由紀夫の動向である。それには三島と、日学同とは別の新民族派グループとの関係から見てゆかねばならない。

昭和四十一年師走、豊島区高田本町二の一四六七に建つビルの一室をオフィスとする育誠社から、月刊誌『論争ジャーナル』が発刊された（創刊号は四十二年新年号、奥付発行年月日は同年一月五日）。編集長中辻和彦、副編集長は万代潔《ばんだいきよし》（別名、洌嗣）。ともに明治学院大学OBで、同誌はこのふたりと仲間三人とが資金を出しあって発刊にこぎつけた、という点に特色があった。

四十一年十二月十九日、三島は林房雄の紹介で万代に初めて会い、その純粋な心意気と団結心に感動。

「あいつらが来たら、いつでも歓迎してやってくれとおれは女房にいっているんだ」（村松《むらまつ》剛《たけし》『三島由紀夫の世界』）

と村松に語り、『論争ジャーナル』には謝礼なしで協力する関係になっていった。

同誌四十二年二月号のカラーの表紙には、ショッキング・ブルーのセーター姿で椅子に腰掛け、ショート・ピースを喫う姿で登場。つづいて三月号では、高橋正衛《たかはしまさえ》（評論家）、土屋道雄（同）、池田弘太郎（現代史研究家）とともに「2・26事件と殉国のロマン」と題する誌上座談会に出席し、同年八月号でも村松剛、石原慎太郎、市村真一（大阪大学教授）と座談会「現代日本の革新とは」をおこなってふたたび表紙にも登場する、という気の入れようであった。

三島由紀夫が四十二年四月十二日から五月二十七日まで、陸上自衛隊に初の体験入隊をしたのは前述の通り。その三島が、「祖国防衛隊」構想を練りつつあったこともすでに見た。

このような三島の考えと『論争ジャーナル』関係者とのかかわりを、三島と親しかった文芸評論家の村松剛はつぎのように分析している。

「三島の自衛隊入りの計画をきいて、彼らは自分たちもぜひ一緒に行きたいと申し出た。これが民兵隊創設の構想を彼に抱かせるにいたる最初のきっかけだったことは、前後の事情から考えて疑いを容れない」（同）

同年七月二日から一週間、森田必勝をふくむ早大国防部ないし日学同の面々が北恵庭駐屯地へ体験入隊したことも前述したが、三島に入隊の希望を伝えたのは『論争ジャーナル』グループの方が一歩先だったようである。

この時点において三島と日学同、三島と『論ジャ』こと『論争ジャーナル』グループとは互いに蜜月関係にあり、日学同と『論ジャ』との仲もまた同様であった。

しかし四十二年秋から四十三年正月にかけて、三島および『論ジャ』グループと日学同との間には一種の亀裂が走った。『論ジャ』が「祖国防衛隊」構想に賛同していたのに対し、日学同はこれと一線を画したからである。

当時の日学同の立場については、宮崎正弘の解説がある。

「三島の民間防衛隊の構想に私たちも原則的に賛意を表しはしたが、氏の構想にはかなりの急進主義的色彩と『三島私兵』という狭いイメージがあり、当時の私たちは『楯の会』の前身組織へ全面的に協力するまでには至らなかった」(『三島由紀夫「以後」』)

斉藤英俊は、さらにはっきりという。

「そのころ三島先生は、『論争ジャーナル』グループと早大国防部とを母体としてのちに楯の会となる組織を作るという意図をお持ちだったんですね。でもそれは先生のお遊びみたいなものだ、とわれわれは思っていました。ですから私は、先生から構想を聞いた時からこれには賛成できなかったんです。現実的に考えれば、そこに人を取られる分だけ日学同の人数が少なくなってしまうわけですし」

そこで斉藤や宮崎たちは、三島に学生運動の重要性を説いてこう伝えた。

「『短期決戦的』な姿勢は日本の長い歴史の上でマイナスになる」（同）

対して、三島は断言した。

「君たちの長期の展望にたった運動は評価するが、三島個人としては（そのような路線は＝原注）関心の外だ」（同）

宮崎はその時の複雑な胸中を、つぎのように要約している。

「新民族派学生運動の偉大なカリスマ的存在とみなしていた三島由紀夫が突然遠くに行ってしまったような気がして、ショックを禁じ得なかった」（同）

しかもかれらと疎遠になったのは、三島だけではなかった。持丸博、伊藤好雄、宮沢徹甫、阿部勉らも日学同を去り、『論ジャ』グループに合流していった。

四十三年一月、必勝をふくむ日学同グループが「佐世保闘争」に注目していた水面下では、このような分裂劇も進行していたのであった。

そして三島と持丸博を新たな副編集長とした『論ジャ』グループとは、このころから自衛隊への同時体験入隊計画を立てはじめた。三島が持丸を学生隊長とする二十人を引率して一カ月間軍事訓練を受け、将来「祖国防衛隊」の将校たり得る人材を育成する、という発想であった。

その入隊先は、陸上自衛隊の富士学校滝ヶ原《たきがはら》分屯地。期間は三月一日から三十日まで、と決定されたが、入隊間際になって計算外の事態が起こった。同行する予定だった中央大学の学生五人が、にわかにストが解除されたため年度末試験を受けねばならなくなり、欠員を生じてしまったのである。持丸は背に腹はかえられなくなって日学同に連絡を取り、学生五人の借用を申し入れた。

この時必勝は春休みの帰省中であり、その間に鈴鹿スキー場で転んで右足を骨折、自宅療養を余儀なくされていた。東京の斉藤英俊たちは、そうとは知らない。おそらく二月二十五日のこと、スポンサーの矢野潤とも相談した結果、四日市の森田家に電話し、必勝に富士学校行きを要請した。

対して、必勝は答えた。

「三島さんとは路線上のことで、とくに民間防衛隊の構想については日学同が批判的だから、加わっても仕方が無い」(「日学同連絡ノート」に後日記入)

しかし、持丸博から応援を求められた、これを機会として三島との誤解を解きたい、といわれ、かれは渋々とながら気持を切り換えた。

「仕方なく一週間遅れで参加することにした。とんだ穴埋めになったものだ、と返事をしながら思った」(同)

必勝は初め、三島に従って体験入隊に出かけることに乗り気ではなかったのである。

矢野はすでに鬼籍に入ったが、斉藤や宮崎は必勝は三島のもとへ派遣された「日学同特使」であった、といまも考えている。同時に選ばれた特使は、山本之聞、石津恭輔、大石晃嗣、武井宗行の四人であった。

五

のちに斉藤英俊のつぎの日学同委員長となって新民族主義の理論化につとめた山本之聞は、三島由紀夫との初対面の光景をなお忘れずにいる。

三月一日、三島と『論ジャ』グループ、そして山本ら「日学同特使」四人を合わせて十九人の待ち合わせた場所は、新宿駅西口のロータリー。山本がそこへ近づいてゆくと、三島が筋骨隆々たる上体を半袖のポロシャツにつつみ、フレームの太いサングラスを掛けて太柱に寄りかかっていた。

これが三島由紀夫か、意外と小柄だな。

そう感じながら山本が緊張気味に挨拶すると、意外にも三島はにこやかに応じた。

「そうか。はい、よろしく」

前述のように、森田必勝はこの体験入隊に「一週間遅れで参加」したのだから、右の場面に居合わせてはいない。

三月に入ってから「早稲田ハウス」へやってきたかれは、矢野潤、斉藤、宮崎らから激励された。

「これからの国民運動の進展の上で、三島先生は絶対不可欠の文化人だから、何かの誤解で日学同との間にシコリを残してはならない」(『三島由紀夫「以後」』)

事情を理解した必勝は、熱っぽく答えた。

「入隊して生活をともにしながら、必ずこの誤解を解いて見せます」(同)

こうして必勝は、三島のいる陸上自衛隊富士学校へおもむいたのである。

体験入隊者に対しては、日々の訓練のほかに体力測定がおこなわれ、「体力認定書」が発行されていた。目安となるのは、百メートル走、ソフトボールによる遠投、懸垂、走り幅跳び、五十メートルの土嚢《どのう》運搬、そして千五百メートル走。

山本は土嚢運搬十三秒以内というレインジャー部隊入りの規準をクリアーして、三島を感心させた。だが、まだ骨折が完治せず歩く時には右足を跛行《はこう》させていた必勝には、あまりにも非情な特別訓練が待っていた。

朝六時起床、夜九時就寝の日々にもかかわらず、夜中の三時に突然鳴りわたる非常呼集のラッパの音。

「跳び起きて、捧げ銃《つつ》。それから御殿場《ごてんば》駅まで往復六キロの坂道を走らされるわけです。かれは右足を引きずりながら歯を喰いしばって頑張っていましたが、気の毒に落伍してしまいました」

これが必勝到着の翌日のことだった、と山本はいう。そのような必勝の姿は、期せずして三島の注目するところとなっていった。

必勝は、三月二十三日消印の手紙で宮崎正弘に書き送った。

「三島先生は、ぼくが骨折しているにもめげず頑張っているので、たいへん感激してくれました」

一日の訓練終了後に全員で大浴場に浸《つ》かる際、三島はかならず学生たちの脇腹の肉をつまむ、という妙な癖を見せた。そして、いう。

「之聞、若いのに脂肪が厚いぞ。おれの腹に触ってみろ」

「あ、さすがに鍛えてますねえ」

山本が答えると、三島はワッハッハという独得の哄笑《こうしょう》で応じた。

必勝が三島に脇腹をつままれ、その哄笑に真っ白な歯を見せて笑い返す、という光景も湯気のなかで展開したことであろう。

必勝は帰京後、「日学同連絡ノート」に記入した。

「三島先生は、ぼくが遅れていった日に骨折した足をみて、そのファイトに感心された。それにお互い短髪だし、すぐ意気投合（オーバーかな?）した。

一番印象的なのは下旬の三十五キロ行軍だ。指揮動作、教官動作などの日頃の訓練の集大成ともいうべきもので、朝七時から、夕方五時ごろまで富士のすそ野を回った。

一カ月も生活を共にした隊員と別れるとき、バスが出てしばらくは皆、黙って泣いていた。あれこそ男の涙というものだ」（四月六日）

必勝は、「日学同特使」としての任務を十二分に果たした。のみならず特使としておもむいた先に、三島を中心として男たちが涙を共有しあう世界を見た。

浪曼《ろうまん》の徒は、情の人と言い換えてもよい。

かれはなにかをずっと探しているようだった、と必勝の初恋の人上田牧子は私に語った。日学同に入って「血が騒ぎ出した」必勝は、ここにまた新たな地平がひらけていることを覚知したものと思われる。

そして、このような思いは三島由紀夫の感じ取ったところでもあった。

三島自身が書いている。

「さて、この三月には、私もひそかに十数日参加して、学生諸君と共に、毎日駈け回り、歩き、息を切らし、あるいは落伍した。そこで同志的一体感も出来、かれらの考へも入隊以前に比べて、はるかに足が地についいて来たのみならず、主任教官や助教との関係も家族のやうになり、離隊のときは、学生一人々々が助教一人々々と握手して共に泣いた。私が如実に『男の涙』を見たのは、映画や芝居をのぞいては、終戦後これがはじめてである」(『文化防衛論』「あとがき」)

感極まって「男の涙」を流した必勝と、その「男の涙」に感動する三島――ここにおいてや、ふたりはもはやメダルの表と裏のごとき一体感で結ばれた、といってもよいだろう。

三月三十日、貸切りバスで富士学校をあとにしたかれら二十人のむかった先は、大田区南馬込《みなみまごめ》の三島邸であった。三島由紀夫・瑤子《ようこ》夫妻が、中華料理とビールによる慰労会をひらいてくれることになっていたためである。

宴はやがて二次会の様相を呈し、三島は映画「からっ風野郎」の主題歌を歌った。「からっ風野郎」は昭和三十五年三月、かれ自身の主演で封切られた大映映画。主題歌も三島の作詞・歌唱で、キング・レコードから発売されたものである。

山本は出鱈目なドイツ語で「カルメン」を、必勝は布施明の「恋」を歌った。山本は三重県亀山市の出身、必勝と同県人だからウマの合うところがある。

しかも山本には、必勝とは対照的に弁舌と文章の才があり、「まあまあ」と間に割って入るタイプの必勝に対して乱闘得意な方でもある。

民族主義者三島由紀夫の家がコロニアル風とはなにごとか。

山本は酔うほどに気に入らなくなり、三島に絡んだ。

「『先生、一体この趣味はなんですか。トイレにいったら洋式ですね、置いてあるアルコール類は全部洋酒ですね。こんなミニ・ボトルなんか、われわれが全部飲んでしまいますよ』と毒づきながら泥酔状態になってしまって、三島さんには失礼なことをしました」

最後には全員が「ドレミの歌」を合唱して三島を冷やかし、大笑いのうちに宴はおひらきとなった。

「ドはドスケベのド／レはレスビアンのレ／ミはミシマのミ／ファはファナティックのファ」(岡村青《おかむらあお》『森田必勝・楯の会事件への軌跡』)

必勝自身は「日学同連絡ノート」四月六日の項を、つぎの一文で擱筆《かくひつ》している。

「とにかく楽しい入隊でした」

これは私に、必勝が昭和三十八年十一月二十二日の日記に記した一行を思い出させる。

「まあ、とにかく最高に面白い」

海星高校三年A組に在学中の必勝は、この日平塚の河野一郎《こうのいちろう》事務所を体当たり訪問して、そう書きつけたのであった。

わずか二度握手しただけの河野と異なり、すでに必勝と三島とは「おなじ釜の飯を食った仲間」である。それればかりか三島は夕食会までひらいてくれたのだから、必勝にとってかれはかつての河野よりはるかに大きく、かつ近しい存在になりおおせていた。

ふたたび「早稲田ハウス」に姿を見せた必勝は、机にむかうや三島への礼状を認《したた》めた。

「先生のためには、いつでも自分は命を捨てます」

六

おなじ部屋に居合わせた宮崎正弘は、その文面を目にした時の気持をのちにこう述懐することになる。
「どうしてこんな行動を森田がとるのか、私には解せなかった。軽いノリなのか、それとも人生の重大決断を簡単に出してしまう種類の頭脳構造をしているのか」(『三島由紀夫「以後」』)
宮崎が目を疑いたくなったのも、わからぬではない。だが本稿にここまでおつきあい下さった読者諸氏には、およそ合点がゆくのではあるまいか。
すでに、私は書いた。

――うちに孤独を秘めた必勝の熱い心は、つねになにか眷恋《けんれん》し得るに足る対象を追い求めてきた。

――加えて必勝には、いったん思い定めたらその目的を実現するために猛進してやまない生一本かつ豪胆な精神がそなわっていた。「死」を忌むべきものとせず、むしろ親炙《しんしゃ》して憧れを抱く傾向も。

そして必勝は、上田茂に再三たずねたことがある。

「なにかする時、茂は命を懸けてできるのか」

このような言動を重ねあわせて考えるなら、宮崎の受けた違和感はある程度まで薄らぐかも知れない。

すなわち必勝は、奇を衒《てら》ったのでもない。大見得《おおみえ》を切って見せたわけでもない。自分に正直に、ごく自然な発想で書き送ったのであろう、「先生のためには、いつでも自分は命を捨てます」と。

これに対して、三島は敏感に反応した。

「どんな美辞麗句をならべた礼状よりも、あのひとことには参った」

と、後日かれは必勝に告白した。それを必勝は、ありていに宮崎に告げた。

私は前章に、こうも書いた。

——森田必勝はあたかも〈壁抜けの秘術〉を使用したかのごとく、論理を超えて三島と最終行動のみをともにしたかに見える。

これはまだ必勝という人間の熱い魂の森に分け入る前の、印象批評的な言辞であった。しかしここまで筆を進めてくると、必勝と三島とがやがて肝胆相照らす仲になる最大のスプリングボードは、必勝発、三島宛のこの速達便にあったと見て大過あるまい。

以下しばらく、次第に接近してゆくふたりの姿を眺めたい。

昭和四十三年四月、早大三年生となった必勝は多忙な日々を送りはじめた。かれがにわかに忙しくなった理由は三つある。第一に、国防部部長に選ばれたこと。第二に、五月の連休中に民族派学生組織初の全国理論合宿がおこなわれる予定だったこと。そして六月に、全日本学生国防会議の結成大会が開催されると決まったこと。

右に「第二」としてあげた全国理論合宿は、八王子《はちおうじ》郊外にある緑豊かな大学セミナーハウスでひらかれた（五月三〜五日）。題して「学生文化フォーラム」。全国から集まった学生は、約七十人であった。

「四日は、林房雄先生、三島由紀夫先生、村松剛先生と、テレビでも滅多にそろうことのない豪華メンバーのシンポジュームが開かれ、ぼくらの運動のために、これまで協力してくれる方々に頭が下（が）った」

と、必勝は「日学同連絡ノート」に書いている。三島は必勝たっての願いにより、ふたつ返事で特別講師を引き受けたのである。

そのシンポジウムは、一室の正面奥に日学同旗を飾っておこなわれた。その旗を背に合板横長の机がコの字型にならべられ、むかって左側から半袖のポロシャツ姿の三島、恰幅のよい林、額の秀でた村松が着席。必勝は右側の角から斜めに三島を見ながら、メモをとりつづけた。

これ以前から日学同学習会のテキストとしては、村松剛『ド・ゴール』、林房雄の『大東亜戦争肯定論』、おなじく幕末維新の憂国の志士たちに多くのページを割いた『緑の日本列島』などが用いられていた。そう書けば、シンポジウムの基調はおのずと知れよう。

「右翼は理論ではなく心情だ」(『裁判記録「三島由紀夫事件」』)

と席上三島が発言したことは、やはり同席していた明治学院大学二年生小川正洋《おがわまさひろ》の胸を激しく打つことになる。

対して必勝が参加学生たちに強い印象を与えたのは、シンポジウム中の発言によってではなかった。

「おい、森田」

三島が隊長のように呼びかけると、

「はいっ」

と必勝は答える。その師弟のように緊密な関係と、学生たちの懇親会における意表を突く挨拶によってであった。

野田隆史によると、必勝は最初に会場の正面中央に歩み出、姓名を名乗ってからやおら宣言した。

「ぼくは、国のために死にたいと思います」

これには一同度胆を抜かれた、と野田はいう。

バンガロー風の宿舎でたまたま野田と同室になった小川正洋も、このことばを間近に聞いたはずである。それから二年半後、必勝、三島たちとともに市ヶ谷台へむかうことになろうとはゆめにも思わずに。

その後、全日本学生国防会議の結成大会は六月十五日市ヶ谷の私学会館ホールにて、初代議長は森田必勝、と宮崎正弘から伝えられた時、三島は意外なことを言い出した。

「それでは、祝辞を述べにゆこう」

ふだん講演は引き受けない三島だけに、日学同側にとってこれは願ってもない返事であった。しかしそれ以前に、当日の記念講演は高坂正堯《こうさかまさたか》京大助教授の「日本外交の歴史的検討」、佐藤首相のブレインでもある若泉敬《わかいずみけい》京都産業大学教授の「核時代の日本の安全保障」

と決まり、プログラム全体もできあがっていた。

それと伝えられても、三島はつむじを曲げたりはしなかった。

「そんなことは構わない。おれは万歳三唱するだけでいいんだ」

宮崎の語る文脈から見て三島の「祝辞」ないし「万歳三唱」は、会議自体よりもむしろ初代議長に就任する必勝個人に捧げられるべきものとして発想されたのではあるまいか。

つぎに当日、必勝の書いた「早大国防部活動日誌」の一部を引く。

「演壇に立ってもカメラのフラッシュで汗だく。自分で何をいっているのか判らないぐらいあがってしまった。（略）三島先生も祝辞に来て下さって万歳三唱までやっていただいたうえ、デモのときも車から挨拶された。ぼくの一生にとっても、多くの民族派学生にとっても今日の感激を忘れてはならない」

右の「デモ」とは、閉会後おこなわれた靖国神社から港区狸穴《まみあな》町のソ連大使館までのデモ行進のことをいう。三島はわざわざタクシーでこのデモに二キロほど随伴し、上機嫌に窓から手を振って帰っていったのである。

一夜あけた六月十六日、必勝は全日本学生国防会議議長として新宿駅東口へおもむき、マイクを持って第一声を張りあげた。情報宣伝活動――ひらたくいえば、アジ演説の一環としてである。この日三島は、一橋大学の民族派学生のシンポジウムに出席していたが、必勝は途中から情宣部隊を離れ、三島に昨日の礼を述べに行った。

七

こうしてふたりの信頼関係は、弥増《いやま》しに深まりつつあったのだが、一心一体というところまではまだゆかない。

六月二十三日、必勝たち早大国防部のメンバーは、レクリエーションとして逗子《ずし》海岸へ海水浴に出かけた。必勝は水泳が得意でバタフライまでこなし、海へゆけば浜辺から見えなくなるほど沖合まで行ってしまうこともある。

沖合の小島まで往復約六キロ泳いできて休息となった時、メンバーのひとり田中健一がいった。

「ノサップから貝殻島《かいがらじま》まで、あれぐらいの距離だろうな」

そのことばを同日の「日学同連絡ノート」に書き留めた必勝は、つづけて記入した。

「それぐらいなら泳いでいけるのではないか！」

「ノサップ」とは、正しくは納沙布《のさっぷ》岬。北海道東部、根室半島の先端をなす岬をいい、貝殻島とはその沖合三・七キロの距離にあるわが国固有の北方領土の一部である。ただし、水晶島《すいしょうとう》ほかとともに歯舞《はぼまい》群島を形作る後者は戦後ソ連の占領するところとなり、日ソ（日ロ）国境は納沙布岬と貝殻島の間、と旧ソ連に一方的に宣告されて今日に至っている。

それにしてもこの日、田中健一はなぜ逗子と沖合の小島の位置関係から納沙布岬と貝殻島とのそれを想起したのか。結論だけをいえば、それは日学同が北方領土問題について独自の見解を所持していたためにほかならない。

周知のようにわが国は、旧ソ連および今日のロシアに択捉島《えとろふ》、国後島《くなしり》、色丹島《しこたん》、そして歯舞群島の北方四島の領土返還を求めつづけている。対して日学同の主張は、得撫島《うるつぷとう》以北、占守島《しゆむしゆとう》以南の十八島とサハリン南部（南樺太《みなみからふと》）をも返せとする（日学同中央委員会篇『70年代学生運動への試練』）。

前者は明治八年（一八七五）の千島樺太交換条約によって日本領土とされた地域、後者は同三十八年のポーツマス条約によってロシアから日本へ割譲されたところだが、このような見地から早大国防部は北方領土問題に多大な関心を寄せてきた。それが必勝なりの、貝殻島へは泳いでゆけるのではないか、という発見につながったのである。

では実際、事実上の日ソ国境を突破して貝殻島上陸をこころみればどうなるか、という問題は後述することにして、ここでは北方領土問題に対する日学同の具体的活動から見てゆこう。

つとに斉藤英俊は、根室市役所に対して北方領土返還につきキャンペーンをおこないたい、と連絡。

「まことにお手数ではございますが、貴市役所に北方領土に関する資料などがございましたら（ご）教示いただきたく思います」（根室市刊『こだま　北方領土復帰運動へ寄せられた激励文集』所収、昭和四十二年十月二十七日接受）

と希望して受け入れられ、以後は北方領土返還全道学生委員会の結成にむかって動き出していた。

根室市・北方領土問題対策協会刊『日本の領土　北方領土』収録の「北方地域諸問題推移年表」にも記載された同委員会の発足は、四十三年四月十五日のこと。六月、斉藤は北海道にわたり、同委員会に百二十人の学生たちを集めることに成功していた。

六月十五日、東大では医学部全学闘争委員会（のち全共闘に発展）が安田講堂を占拠するという騒ぎを起こしたが、二十六日には小笠原諸島が二十三年ぶりに日本へ復帰するという慶事を控えていた。そのため、あえて日学同は北へ視線を転じた、という事情もある。

同月二十八日、必勝は「日学同連絡ノート」に通達事項を記入した。

「北方領土視察の計画会議を近く開きますので、全員、プランの用意をしておいて下さい」

これを受けて七月十四日に開催された日学同中央委員会では、納沙布岬訪問を前提に種々の事項が決定された。うち最初の二項目は、つぎのごとし。

「①漁船を借りての海上デモを行ない、国境線(?)ギリギリのところまで足をのばす。②われわれの学生運動が、大きな国民運動へと成長する歴史的使命を忘れず、そうした連鎖反応を惹き起こす画期的な運動形態で対処する」(「早大国防部活動日誌」)

視察団の団長は、必勝自身である。出発期日は八月四日。

この出発期日の決定には、海上自衛隊から日学同へ体験航海の誘いがあったことが大きかった。同日、自衛艦「あまつかぜ」と「きくづき」とが横須賀を出港し、二泊三日の航海をして函館に入る。各二十人ずつ乗せるゆとりがあるかどうか——。

それにしても、「画期的な運動形態」とはなにか。どうすれば「連鎖反応を惹き起こす」ことができるのか。その具体案を必勝は当初、

「秘中の戦術」

と表現し、胸に畳んでいた。

ところがかれは、七月十四日以降八月四日以前のある時点で、親しい者たちにだけはその内容を打ち明けていた。そのひとりは、ともに成田哲平を見送った塩竹政之である。

このころ必勝は、杉並区阿佐ヶ谷《あさがや》の下宿屋に自前の部屋を確保していた。ただしその部屋は北側の窓になぜか古い鉄格子がはめ殺しになっていて、昼でも電灯をつけねばならないほど薄暗かった。

必勝は週に一度程度しかここには帰ってこなかったが、在室中に塩竹が訪ねると、

「おお、ひさしぶりやな、コーヒーでも飲もか」

と、いつもにこやかに部屋へ請じ入れた。

その日、ここはどうも元精神病院の建物らしいなどと雑談するうち、必勝は近々納沙布へゆく、と口調を改めた。そして、おもむろに「秘中の戦術」を口にした。

「納沙布から貝殻島へ、泳いでわたったる」

高一の夏の九州自転車旅行、高二の夏の北海道ヒッチハイク、高三の秋の河野一郎事務所訪問——かれは不言実行型ではない。やると口にしたことはかならず行動に移す、有言実行型の人間なのである。

その後、やはり日学同——特に早大国防部の仲間から同行者を募りたい、と考え直した必勝は、私的な集まりの席でも「秘中の戦術」を口にし、

「志願する者は挙手してくれ」

といった。

これに応じて手を挙げたのは、ひとりしかいなかった。

早稲田高等学院出身、早大商学部一年生の遠藤秀明。レンズ・メーカーの経営者の息子で板橋の実家からマイ・カー通学していた遠藤は、落語研究会に入っていた江戸っ子タイ

プの青年でもある。

キャンパス内に旧日本海軍の軍艦旗をひるがえして国防部への入部を誘っていた必勝にオルグされたという事情もあり、遠藤は全員が挙手するものと思いこんで手を挙げたのだという。

「左右を見たらだれも志願していないので『ええっ』と思いましたが、貝殻島へわたることをそんなに深刻には考えませんでした。太平洋をヨットで横断するのとおなじ、アドベンチャー感覚だったのです」

必勝は必勝で遠藤がどの程度の泳力の持ち主なのか知りたく思ったらしく、まだ八月になる前、ふたりは千駄ヶ谷駅にほど近い神宮プールへ出かけていった。このプールは、東京オリンピックの競泳種目がおこなわれた場所である。

遠藤が二、三千メートル泳いでからプールを出ると、必勝は満足そうにうなずいた。

「海はプールよりからだが浮くから、まあなんとかなるだろう」

ついで遠藤は、神田の古書店街へ納沙布岬と貝殻島の記載された五万分の一の地図を買いに行かされた。

「その地図を見ても、三・七キロの距離なら間違えてもゆけるとしか思いませんでした。森田先輩もものを深刻に考える人ではありませんでしたし、少なくとも死への恐怖は感じなかった。あのころのわれわれは、単純だったのです」

とはいえ、納沙布岬から貝殻島への遠泳は「死」の危険を孕《はら》んでいる。それは水温の低さよりも、むしろソ連の監視船がつねに北方海域を遊弋《ゆうよく》している状況から派生する。

北方海域においてソ連監視船に拿捕《だほ》された日本漁船の数は、昭和二十一年四月三十日に捕われた第二暁丸《あかつきまる》以来、この年までに一千隻になんなんとしていた。監視船は機銃掃射をためらわないし、排水量わずか十数トンの漁船に体当たりして沈没させたことも一再ではない。

ということは、もしも必勝と遠藤秀明とが貝殻島への遠泳を決行したならば、水死せずともソ連側に射殺、あるいは長期抑留される可能性が多分に存した、ということでもある。むろん北方領土問題に深く関与していた必勝が、このような事情を承知していなかったはずはない。

こういえば、もうおわかりだろう。必勝は遠泳中ソ連監視船に発見され、海面を朱に染めて斃《たお》れること、あるいはいつ帰国できるとも知れぬ抑留生活に入ることを覚悟の上で「秘中の戦術」を案出したのである。

「たしかに、抑留されたあと何年で帰れるかは気になりました」

と遠藤秀明は回想するが、早大生がソ連側に射殺ないし抑留されれば、おそらく日本のソ連に対する北方領土返還要求は国際世論にまで進展する。そうなれば自分は「神のつくりた日本国」を守るための人柱となったことになり、充分満足して二十三年の生涯を完結させることができる。

思うに必勝はそう確信し、この秘策こそを「連鎖反応を惹き起こす運動形態」とみなしていたのであったろう。

「先生のためには、いつでも自分は命を捨てます」

必勝が三島由紀夫に速達便で伝えたのは、これより約四カ月前のことであった。

しかし、このことばと昭和四十五年十一月二十五日の事件とを直結させて考えることは、もはや慎むべきであろう。たとえ三島が蹶起せずとも、必勝はその丸二年以上前から自身の「死」と引き換えに最後の行動に出る臍《ほぞ》を固めていたのである。

「ぼくは、国のために死にたいと思います」

八王子の大学セミナーハウスで「学生文化フォーラム」のあった夜、野田隆史たちを驚愕させたことばに、その意味でまったく偽りはなかった。

八

「昭和元禄」、「サイケデリック」、「失神女優」。

こんなことばが流行していたこの年の八月四日午前十時、横須賀に集まった日学同のメンバーは約六十人に達した。これは体験航海の定員をあきらかにオーバーしているし、持ち寄られた旗竿十数本は自衛艦への可燃物持ちこみは不可、という規定に違反していた。

そこで早大国防部は、率先して乗艦を辞退。旗竿やスピーカー、ビラの束を抱えて上野駅に移動し、常磐線《じょうばんせん》と青函連絡船《せいかんれんらくせん》によって函館をめざすことになった。

ただし早大国防部員にも、少数ながら体験航海組に加えられた者がいた。森田必勝、鶴見友昭、高柳光明など。浜松高校出身の鶴見は早大の英字新聞「早稲田ガーディアン」の記者として日学同を取材し、そのまま加盟してしまった政経学部の二年生、武蔵《むさし》大学二年の高柳は必勝のつぎの全日本学生国防会議議長に就任することになる。

高柳の乗った「あまつかぜ」は最新鋭のミサイル護衛艦で、総排水量三千五十トン。必勝と鶴見の割り振られた「きくづき」は、三千四百トン級であった。航海の間、二艦は単縦陣から横陣へ、前後交代して逆番号単縦陣へと陣形を変え、種々の訓練をおこないながら北をめざした。

鶴見の記憶はすでに淡くなっているが、高柳は舷側から望み見た必勝の姿をよく覚えている。

「森田さんは上甲板に出て上半身素っ裸になり、いつも鶴見と日光浴をしていました。両腕を後頭部に組んでね。かれは、人生最後の一時を楽しむつもりだったのでしょう」

二艦が横陣となった時に高柳が、

「おおい」

と呼びかけると、必勝は手を振って答えた。夜の海には夜光虫が妖しく輝き、夢幻のなかをゆくような美しさであった。

六日の午後六時ごろ、二艦は無事函館港に投錨《とうびょう》。下船した体験航海組と遠藤をふくむ陸路組とが合流し、駅前デパート屋上のビア・ガーデンで宴会になった時、必勝は初めて公式の場で「秘中の戦術」について切り出した。

「決死の覚悟」

ということばを使って。

これは、かえって裏目に出た。そんなことに巻きこまれたくはない、と拒絶反応を示す者が続出し、人数は一気に二十数人にまで激減してしまったのである。

ここで合流した塩竹政之も、いった。

「森田、あんなとこ寒いぞ。やめとけ、死ぬぞ」

一足先に北海道旅行に出かけてきた塩竹は、すでに納沙布もまわっていた。網走湖《あばしりこ》では地元の人々が泳いでいるのを見、自分も腰まで湖水に浸ってみたが、水温が冷たすぎて泳ぐどころではなかった。

それでも残った二十数人は夜汽車で札幌へむかい、明けて七日にはソ連領事館までデモ行進して二時間の座りこみをおこなった。「生長の家」系の北方領土返還全道学生委員会が行動をともにしたため、この時の人数は約二百人にふくれあがっていた。

その後はまた二十余人規模となり、ふたたび夜汽車に揺られて一路根室へ。

八日早朝根室に降り立った一行は、駅前に一軒しかない板葺《いたぶ》き屋根の食堂で腹ごしらえをしてから、まだ二階家もまばらな通りを三分歩いて大正町二丁目十二番地の「千島会館」に旅装を解いた。

「千島会館」は昭和三十九年、北方領土元居住者の援護と諸問題啓発のために開設されたコンクリート平屋建ての施設で、十五畳の和室が必勝たちに提供された。これは、根室へ先乗りしていた宮崎正弘が市と交渉した成果である。

当夜、横田俊夫根室市長は必勝、斉藤英俊、山本之聞、高柳光明らの視察団幹部を歓迎会に招き、一場の挨拶をおこなった。

「いや、こんな若い人たちが北方領土返還運動のためわざわざ東京からやってきてくれるとは、まことにありがたいことであります」

返還運動原点の地といわれる根室は、手拭いを姉さんかむりにして割烹着《かっぽうぎ》をつけた主婦

たちも、

「呼び返せ父祖の地を」

と書かれた横断幕を手にして市中行進をおこなう土地柄である。それだけに市当局は遠来の客たちを快く迎え、特産の花咲蟹《はなさきがに》、シシャモその他の海の幸をふるまってくれたのであった。

「うみゃあ(うまい)」

必勝と山本之聞は三重訛りで感嘆のことばを放ち、健啖《けんたん》ぶりを発揮した、と高柳は懐しそうにいう。

ついで九日は、盛夏だというのに会館の者たちが達磨《だるま》ストーブを焚くほど肌寒い一日となった。しかし宮崎の奔走によって大型バスが一台チャーターできたので、一行はデモ用品一式を抱えてこれに乗り、勇躍納沙布岬をめざした。

根室市から直線距離にして十九・二キロ離れた同地について、明治の地理学者吉田東伍《よしだとうご》は書いている。

「納沙布半島は、一に寝室《ネモロ》半島といひ、知床半島と並びて、本道東北の尾端を為し、飛鳥の双脚両肢に喩《たと》へらる。この半島は(略)、東北に延伸すること凡《およそ》八里、横幅約一里半。その西偏に根室市街、及び和田村ありて、根室郡に属し、東南は即、花咲郡とす」(『増補大日本地名辞書』）

山背《やませ》と呼ばれる冷湿な北東風に曝《さら》されるこの岬に、大木は育たない。雑木や野草は繁茂するものの岬の鼻まで渺茫《びょうぼう》たる広野がつづき、おもに昆布取りや蟹漁で生計を立てる家が点在するばかりであった。この年、岬の鼻に土産物屋がオープンし、同時に三角屋根のバンガローが建てられたのは、「カニ族」といわれる貧乏旅行の若者たちをふくむ観光旅行者を当てこんでのことである。

沖合三・七キロに赤い貝殻島灯台を、その背後にたいらかに横たわる水晶島の島影を望んだ必勝たちは、この岬の鼻の広場で集会をひらいた。崖からの転落防止に張られたロープを背にした必勝は、Vネックの薄手のセーターに汚れきった皺くちゃの木綿のズボン姿。

「ソビエト侵略軍は千島樺太から出て行け!!」

と大書された横断幕と日学同旗が立てまわされ、必勝はまた生やしはじめていた口髭にハンド・マイクを近づけて声を張りあげた。

「結集された同志諸君！　我々はついにソ連に奪われた祖国固有の領土、貝殻島、水晶島が見渡せる所まできています。

ガスにかすんで、ときどきしか見ることは出来ませんが、あの灯り（貝殻島の方向を指して）が、貝殻島の灯台です。

あんな近い所にありながら、日本の漁民はソ連の警備兵を恐れ、安全な操業は今も望まれながら、実現は不可能の状況です。昭和二十年の敗戦のドサクサに乗じて、北海道まで侵略しようとしたロシア帝国主義は、何の法的根拠、歴史的根拠もないまま、戦後二十三年に亘《わた》って、北方領土を軍事占領しているわけです。……」(『わが思想と行動』)

この岬の案内標識には、「本土最東端」と書かれていた。必勝には、これが気に入らない。持参のペンキ・スプレーで五文字を白く塗りつぶし、代わりに「ノサップ岬」と書きつけて広場右手の納沙布岬灯台の方角へ移動した。

ついで灯台左側の細道に入りこむと、この道はゆるやかに流れ下って断崖下の岩礁へと通じていた。そのうちもっとも巨大な屏風岩《びょうぶいわ》の横腹に、今度は斉藤がスプレーを受け取って吹きつけた。

「千島を返せ」

むろんこのようなデモンストレーションと並行して、必勝の「貝殻島上陸作戦」も進行していた。いち早く水泳パンツ一枚になった遠藤秀明は、早速試泳すべく岩礁の間から海に入っていった。

ところが海水は、予想以上に冷たかった。あまつさえゴヨーマイ水道(納沙布岬と貝殻島との間)の潮の流れも激しくて、泳ぐどころの騒ぎではない。これは、五万分の一の地図からはとても読み取れない北の自然の厳しさであった。

「あの時遠藤は、目を丸くして海から上がってきたものでした。そこでにわかにバンガローを予約し、ふたりは夜中に漁船を奪って作戦を決行することになったのです」

と、高柳光明は語る。

バンガローの予約は、土産物屋で受けつけていた。多人数でバンガローに泊まっては怪しまれるので、ほかの者たちは「千島会館」にもどって待機することになる。必勝たちふたりの身に不幸な事態が出来《しゅったい》したならば、記者会見し各通信社に事情を伝えて世論の喚起に努める、という事後の行動計画まで作成された。

「あらかじめ船をチャーターして、というのではなく、大東亜戦争中の現地調達主義とおなじことでしてね。いま思えば、実に杜撰《ずさん》な計画でした。でも森田があれを実行していたら、北方領土返還運動の魁《さきがけ》中の魁になっていたでしょう。返還のビラを何万枚も貼るより、行った方が効果をあげられる、という感覚だったのです」

斉藤英俊は述懐するが、必勝はいうまでもなく真剣であった。水晶島にはソ連兵が駐在し、無人の貝殻島とその周辺海域にいつでも出動できる態勢にあることはよく知られている。

逮捕されるか銃殺されるか、それとも海流に流されて海の藻屑と化すかも知れない。それでもこの行動によって、眠れる日本国民はきっと北方領土問題に目をむけるだろう。寒さのためか、目睫《もくしょう》の間《かん》に迫った「死」への恐怖を克服しようとしてか、必勝は顔面蒼白になりながらも宮崎に思いの丈を吐露した。

「どうせ国に捧げた命だ。少しでも祖国の歴史の先覚的役割を担いたい」

先覚的役割——これも必勝の生と死を考える場合、看過しがたいことばであろう。

また必勝は、鶴見友昭に対してはこうもつぶやいた。

「死んでもしょうないわ」

先覚的役割を担うためには死ぬのも辞さない、という必勝独自の感覚がここにある。

まもなく必勝と遠藤秀明とは、ほかの者たちと持参の酒によって別れの盃を酌み交わした。

「別れ際、森田は紫色の唇を震わせ『あとのことは頼む』と力ない笑いを作った」(『三島由紀夫「以後」』)

と宮崎は回想する。

「あのときの森田はかつての特攻隊員が恋人や親たちと別れるような、言葉では言い尽くせないほど純真で清潔な、人間が死を決意したときに見せる引き締まった顔を見せた。決死隊と残留部隊は緊張感で張りさけそうな気持ちを抑えて、涙とともに別れた」(同)

ふたたびバスで「千島会館」に帰った残留部隊は、固唾《かたず》を飲んで「その時」を待ちつづけた。

九

しかし、バンガローに入った森田必勝と遠藤秀明には、いつかためらいが芽生えていた。

「なによりも、船を盗むというのはどういうものか、と感じたからです。いや、盗むのではなく天下国家のために借りるんだ、と思い直しましたが、それでもまずいか、という気持は拭いきれませんでした」

と、遠藤は当時の心境を語ってくれた。

しかもふたりは、この段階になって初めて、はたして自分たちが船を動かせるのかどうか不安になってきた。焼き玉エンジンということばは聞いたことがあるが、それがどのようなものなのかはともに知らない。

そんなところからくる心の揺れを押し伏せて、ふたりはとっぷりと日が暮れてから最寄りの浜へ忍んだ。すると陸揚げされている漁船のうちに、一隻だけ焼き玉エンジンではなく船外機を着けているものがあった。

その船尾にまわりこみ、ふたりで押すとたしかに動く。

「やはり、まずいんじゃないか」

必勝がいったが、遠藤は船底がザクリと砂を抉《えぐ》った瞬間、ああ、おれはこれでゆくんだな、と腹を括《くく》っていた。

しかし、まもなく船は動かなくなってしまった。

すると、必勝は意を決したようにまた口をひらいた。

「遠藤、やめよう」

「いや」

すぐに承知できなかったのは、喧嘩仕度でここまできたのに急になんだという思いに駆られたためだった、と遠藤はいう。「アドベンチャー感覚」だったとはいえ、かれはやはり万一の場合のことを考え、自宅に遺書を残してきていた。

すでに夜十一時過ぎ。暗い砂浜で必勝と遠藤が口論するうち、不意におわりの時がきた。地元漁協は、この日初めから日学同の動きを不審に思い、バンガローを監視していた。その組合員から通報されて警官が飛んできたため、ふたりは派出所へつれてゆかれることになってしまったのだ。

むろんこの経過を、「千島会館」残留部隊は知るべくもない。十一時半ごろ、会館受付の電話が鳴ったことにより、かれらはようやく「貝殻島上陸計画」が頓挫したことを知るに至る。

たまたま受付近くにいて、その受話器を取ったのは宮崎正弘。斉藤英俊もかたわらにあり、そのやりとりに聞き耳を立てた。

その電話とは納沙布の派出所からのもので、声の主はなんと必勝自身であった。

遠藤の記憶からは緊張とその急激な弛緩《しかん》のためか、この前後の経緯がまったく欠落してしまっているのだが、宮崎はふたりが説諭だけで放免されると聞き、電話口で叫んだ。

「それではすぐ迎えの車を出すから、とにかく走ってこい」

当時、根室市内と納沙布岬とをつなぐ道は、舗装も中途で途絶える凸凹道であった。行くこと約三十分、タクシーがようやく岬に近づくと、前方から駆けてくるふたつの人影があった。煌々《こうこう》たるヘッドライトにまずぽっかりと浮かびあがったのは、必勝の姿であった。

細部はもう記憶が曖昧になっている、と断りながらも斉藤はいう。

「あの解放感あふれる森田の顔、頬をほころばせて『ゆかずに済んだ』というようにほっとしていた表情は忘れられませんね」

いましも「死」に臨もうとしていた緊迫感が解け、必勝は溜めに溜めていた息を吐き出す思いで夢中で走ってきたのであろう。

遠藤もいう。

「街灯もない真っ暗闇のなかを走っていって、ヘッドライトが近づいてきたのを見た時は、迎えにきてくれたという喜びで胸が一杯になりました。あるいはそれは、緊張感の消えたことによる喜びだったかも知れません」

——以上が、森田必勝最初の「死」への挑戦の概要である。ただしそれが結果として失敗におわったからといって、以後の必勝を手首にためらい傷のある自殺志願者と同一視してはならない。

昭和三十八年(一九六三)十一月、南ベトナムのゴ・ディン・ジェム政権がクーデターによって倒れる以前から、サイゴン(現ホー・チ・ミン市)では官憲の横暴に抗議する僧侶たちの覚悟の焼身自殺が断続的に起こっていた。炎のうちにくずおれる僧たちの姿は、新聞テレビでも生々しく報道された。抗議の「死」——一種の諫死《かんし》は、当時まだ昔語りではなかった。

「あのころ、われわれは若かった。エネルギーもあり余っていました」

斉藤、宮崎、山本、高柳たちが異口同音に語る時代の雰囲気は、そのころ浪人生活をしていた私にはすんなりと理解できる。青年は、やはり時代の子なのである。

それにしても森田必勝は、なんと苛烈な精神を持っていたことか。私が人生いかに生きるべきかと悩みはじめていたころ、男子いかに死すべきか、とまったく逆の角度から考えていた同世代人があったとは。

これはやはり、納沙布岬に立ってみなければならない。「貝殻島上陸作戦」について取材するうちそう考えた私が、羽田発釧路《くしろ》空港行きの全日空機に搭乗したのは平成十一年（一九九九）九月二日のことであった。

持参したのは、身のまわり品のほかには斉藤が「千島を返せ」とスプレーで吹きつけた岩礁のカラー写真のみ。これは、宮崎が保管していたのを借用したのである。

同行してくれた『諸君！』編集部の伊藤秀倫君は、文藝春秋に入社して二年目だから、当時まだ母親の胎内にすらいない。それでも機中で、意外なことをいった。

昭和四十五、六年か、独身だった母堂は納沙布岬まで旅行した。すると屏風岩に「千島を返せ」の文字がはっきりと残っていたので、その文字を入れて記念撮影をしてきたのだとか。

当夜は、ウミネコの飛ぶ釧路港を望むプリンスホテル泊。翌朝、往復八時間の長旅を覚悟してタクシーに乗ると、まもなく根釧原野《こんせんげんや》の緑盛んな景色が眼前に展《ひら》けた。

国道44号線には「エゾジカの飛び出し注意」を示す絵の標識が点々とつづき、湿地には餌を漁るつがいの丹頂鶴の優美な姿すら眺められる。

しかし根室市が近づくにつれ、路傍には異様な看板がめだってきた。茶の外套姿《がいとうすがた》のロシア兵が自動小銃を構え、目を怒らせているリアルな絵柄。

「あれは、右翼が勝手に立てたものです」

運転手氏はいったが、やはりこれは日ロ両国係争の地に近づいたなによりの証拠であった。必勝が身を捨てて国際世論を喚起しようとしてから三十一年間、北方領土問題が依然未解決であることに説明は不要であろう。

根室市内で昼食休憩のあとは、一路納沙布岬へ。必勝が懸命に走ってきた往時の凸凹道は、いまでは完全舗装されているため時速六十キロ以上の速度で簡単に走破することができる。一本道を観光バスの停まっている岬の鼻までゆくと、右手前には「レストラン請望《せいぼう》苑《えん》」という大きな土産物店兼食堂が客でにぎわい、左側の広場は「望郷の岬公園」となってきれいに整地されていた。

後者は必勝たちが集会をひらいたころのロープではなく瀟洒《しょうしゃ》な白い鉄柵に囲まれ、海寄りの地点にはこれも「本土最東端」ではなく「返せ北方領土　納沙布岬」と横腹に墨書された高さ四メートル近い木柱が立っていた。

この地に東面して立てば、青海原を覆う金波銀波のかなたに赤い貝殻島灯台がぽつりと見える。その周辺が、ふだんは水没している貝殻島。その背後に霞む大きな島が水晶島。空気が澄みわたっているため、貝殻島灯台まで一キロも離れていないのではないか、と錯覚してしまう位置関係ではある。

　付近に点在していたはずのバンガローもすでになく、公園内には鉄筋コンクリート二階建ての「望郷の家」と「北方館」とが建設されて、いまだ還らざる海に相対峙していた。

　この公園を出、「請望苑」をかすめてその先の納沙布岬灯台を見あげると、はたして鉄柵ぞいに崖下へ下りられる踏みつけ道がある。そこを波打際めざして下ってゆくと、岩礁のなかに例の屏風岩が屹立《きつりつ》していた。かつて「千島を返せ」と書かれたこの岩はその後落書きの名所と化したらしく、なにか政治団体の名前が吹きつけられていたがペンキが掠《かす》れていて読み取れない。

　ただし「請望苑」の店長竹村秀夫は、必勝たちのきた日のことを記憶していた。かれの父は、歯舞の元村長。その父は当地に土産物屋をひらいたばかりで、私同様浪人生活を送っていたかれは夏休み中のこととて店を手伝っていたため、必勝たちの活動を共感をもって眺めたという。

「あの日学同のなかに混じっていた森田さんが切腹したと知った時は、実にショックでした」

　同店の一角に、入れ子細工のロシア人形マトリョーシカがずらりとならべられているのも印象的であった。そういえば根室市内にも、ロシア人観光客がめだった。これは平成四年（一九九二）以来、日ロ両国が現島民と旧島民とのビザなし相互訪問を推進しているからである。

ふたたびタクシーに乗って市内へもどりかけると、岬南側にひらけた小さな入江が目に映った。小さな駐車場のような浜には、五、六人乗りの漁船が七隻引き揚げられている。これこそ必勝が船を押し出そうとした場所であるが、一段高い平地には新築まもない住宅がならび、納沙布岬はもはや昔日の渺茫《びょうぼう》たる広野ではなくなっていた。

似た変化は、「千島会館」にも起こっていた。同館は平成二年に改築されて以降、宿泊客を受け入れてはいない。往時の宿帳もとうに廃棄されていて、せめて必勝の署名でも見つけられれば、という私の願いは叶わなかった。

だが、隣接して建つ「北方資料館」二階の展示室には、興味深い品がガラス・ケースのなかに飾られていた。必勝たちの来訪直後に、北方領土問題対策協会が発行した『北方領土ハンドブック』。そのカバーに使われているのは、斉藤の落書きした屏風岩のモノクロ写真であった。根室市立図書館にも、斉藤の手紙を収録した前述の激励文集『こだま』が架蔵されていた。

必勝によるまぼろしの「貝殻島上陸計画」は、納沙布の派出所が不問に付したため新聞沙汰にもならなかった。それでもこのような品々のうちにかそけく痕跡を留めて、今日に至っているのであった。

＋

八月十一日に根室を去るにあたり、視察団一行にはふたつの問題がわだかまっていた。ひとつは、旅費の欠乏。しかしこれは市民にカンパを募ると約一万五千円集まったため、土壇場で解決することができた。

第二の、より大きな問題は、森田必勝の壮図が空振りにおわった虚脱感に存した。三島由紀夫が書いている。

「思想や論理がある目的を持って動き出すときには、最終的にはことばや言論ではなくて、肉体行動に帰着しなければならないことは当然なのである」(『行動学入門』)

このような感覚を三島と共有していた日学同は、「思想や論理」を「肉体行動」に帰着させる夢に破れた、とも換言できよう。

ために札幌、函館へもどる途中、ないし青森発上野行きの鈍行列車に乗る前に離散する者がほぼ半数に達し、十二日に疲れきって上野まで帰ってきたのは十数人。さらに上野からまっすぐ帰省するものも相ついだため、重い竹竿その他を抱えて都電に乗りつぎ、「早稲田ハウス」へ帰ったのは宮崎正弘と高柳光明のみであった。

遠藤秀明の回想、――。

「帰りは、実に暗い旅でした。自宅に残した遺書にしても、めだたないところに置いてきてよかった、と思ったほどです。すでに家族のだれかに読まれていたら、格好悪くて仕方ないですから。

それにしても、森田先輩が自分から貝殻島へわたるといっておいて、最後の最後にストップしたことを私は潔しとはしませんでした。あの時以来、私は森田先輩をなんだと思って、恨んだものです。森田先輩も、このあとは私と話をしなくなりました」

その結果、遠藤は日学同の運動に疑問を感じはじめ、昭和四十五年四月には、西ドイツのマインツ大学へ留学する。かれがいわゆる三島事件をどう受け止めたかという問題については、のちに触れる機会があろう。

「挫折」とか「日和《ひよ》る」ということばが、よく学生たちの口をついて出た時代のことである。このようなことを契機として学生運動から身を引く者も、決して少なくなかった。ただし上記の一文は一般論であり、必勝の人と行動をこのような視点から演繹《えんえき》することはとてもできない。

話は突然飛ぶようだが、性格が如実にあらわれる勝負事のひとつに将棋がある。ふだんはさっぱりした気性と思っていた者が劣勢になったとたんに愚痴や厭味たらたらとなるのを見、意外の感に打たれた経験の持ち主は私だけではあるまい。

必勝もまた将棋好きではあったが、その相手をしたことのある友人たちは、攻め一方の棋風だったと例外なくいう。なぜ攻め将棋になるのか、という点については、伊藤好雄が解釈してくれた。

「森田さんは、自陣を守ることなど面倒だから考えない。その分がんがんと攻めてくるのです」

挫折感を味わいつつある仲間をよそに必勝がひとり意気軒昂としていたのは、このような気性に根差すのであろうか。
十三、十四の両日阿佐ヶ谷の鉄格子つきの下宿でからだを休めた必勝は、その間に床屋へ行って髪は角刈りにし、口髭の形を整えた。
そして十五日の終戦記念日、必勝のむかった先は九段の靖国神社であった。同神社の国営化を主張する人々による「靖国法完徹全国大会」に学生代表として出席するためである。

この日日の丸を背景にして立ち、靖国神社の国家護持を訴えた必勝の写真が残っている。長袖のワイシャツにノー・ネクタイ、その袖口をまくった両手を後腰に組み、きびしい表情で演説する姿はまことに壮士然としている。

その後、必勝は四日市に帰省したが、「貝殻島上陸作戦」の顚末を聞かされた古い友人はいないようである。これは必勝が故意に口をつぐんでいたからではなく、だれとも旧交を暖める暇がなかったためと思われる。

八月二十日には、ソ連軍と東欧四カ国軍とがチェコへ侵入して「チェコ事件」が勃発。これを聞くや、かれはすぐ「早稲田ハウス」に電話し、二十三日以前には帰京してあらたな行動に移っていった。

その行動とは、ソ連大使館に対して抗議することであった。二十四日、日学同の在京メンバー約五十人をかき集めておこなわれた同大使館前への座りこみは、二時間に及んだ。

この時の日学同の論点は、追って必勝名義で発表される論文「民族運動の起爆剤を志向」(『日本及日本人』四十三年玄冬号)によればつぎのごとし。

「問題はチェコなんぞよりも、日本の固有の領土が、既に二十三年も前からソ連軍によって一方的に侵略されていることを強調し、北方領土返還要求に重きを置いて訴えた」

この運動は銀座デモその他の形をとって秋までつづいてゆくのだが、その先頭に立ってマイクを握るのは必勝自身であった。

ただし九月以降の必勝には、日学同幹部たちの目から見るとあきらかな変化が兆していた。中央区銀座西八の三、小鍛冶《こかじ》ビルに移転していた『論争ジャーナル』編集部にしばしば出かけるようになったことである。

必勝は「日学同特使」として三島由紀夫および『論ジャ』グループとの決裂を未然に防いだのだから、以後もパイプ役をつとめようとしていたのかも知れない。では、左のような事実はどう考えるべきなのか。

十月三日、日学同は社会党に抗議するため有楽町の都庁前で集会をひらいた。だが必勝は午前中でこの集会を抜け、早大の大隈講堂へむかった。三島由紀夫が早大尚史会の依頼により、学生たちとのティーチ・インをおこなうことになっていたからである。

尚史会は、元のサークル名を日本文化研究会（日文研）。持丸博、伊藤好雄、宮沢徹甫らは日文研という母体から日学同入りした者たちであったが、かれらの日学同脱退後、尚史会と改称したこのサークルは日学同とは無関係になっている。その尚史会のティーチ・インに必勝が日学同の集会を中座して顔を出すのは、やはり奇妙な行動といわねばならない。

すなわち必勝は、このころから日学同—全日本学生国防会議—早大国防部ラインからじわじわと遠ざかり、三島由紀夫—『論ジャ』グループへ接近していったのである。

必勝が後者とは自衛隊体験入隊組という共通項でむすばれていたことが、ここに至って俄然重要な意味を持ってくる。ひるがえって「貝殻島上陸作戦」を見れば、その「短期決戦的」姿勢は日学同本来の「長期の展望に立った運動」よりも、三島の発想に限りなく近い。

「昭和四十五年の安保騒動、おれが斬死《きりじに》する」(『三島由紀夫の世界』)

村松剛によれば、三島が高笑いしながらいうようになったのは四十二年秋以降のことであった。

その三島に一歩先んじて「斬死」を策した必勝が、このころから再度、そして最終的に三島へ回帰していったのは、これもまた自然な流れであったのか。日学同メンバーのなかには必勝の「決死の覚悟」にはとてもついてゆけないと感じ、札幌から引き返してしまった者も少なくなかったのだから。

そして日大紛争が泥沼化していた十月五日、三島は虎ノ門の教育会館において「楯の会」結成の記者会見をおこなった。隊員数は四十六人。これは三月に自衛隊に体験入隊したメンバーと七月から八月にかけての体験入隊組が中心だから、必勝、山本之聞ら日学同の五人も参加している。

「三島さんが制服を支給してくれると聞いたので、仕方ないからゆこうという感じでした。しかしかれらがゆくのは、三島さんとのつきあい上当然のことでした」

とは、宮崎の解説。

胸に二列十二個の金ボタン、辛子色の生地に詰襟、袖口、ズボンの側章はグリーン、サイド・ベンツに朱のトリミングを施した楯の会の制服は、三島の私費で作られたものではあるが一着三万円と大卒初任給よりも値の張る代物《しろもの》であった。なお三島は内々では楯の会の前身を「祖国防衛隊」と呼んでいたものの、この仮称は世に知られることなくおわったことになる。

その十日後に、川端康成《かわばたやすなり》が日本人初のノーベル文学賞受賞と決定。同月二十一日の「国際反戦デー」には国会、防衛庁への突入を図った反日共系全学連が新宿駅を占拠し、騒乱罪を適用されるという事件が起こって十一月となる。

初旬、必勝名義の「民族運動の起爆剤を志向」掲載の『日本及日本人』が刊行されるとかれは自分の名が活字になったことを無邪気に喜び、同誌を大量に抱えて歩いた。この論文が大島康正《おおしまやすまさ》の論壇時評（『読売新聞』同月二十六日付夕刊）に好意的に紹介されるや、必勝は記事をコピーして三島に送ったともいう。

おなじ十一月中にかれは山本之聞とともに三島邸を訪問し、こんな頼み事もした。十二月七日に、九段の千代田公会堂で日学同結成二周年中央集会がひらかれる、その会で記念講演をしていただけないか。

「お前が実行委員長なら行くよ」(「日学同連絡ノート」)

と、三島は答えた。そう記録したあと、必勝は自分のコメントとしてただ「感激」とだけ書いている。

当日、三島が午後四時に会場を去って散会となってから、日学同のメンバーたちは高田馬場に流れて酒となった。必勝とその親しい仲間たち——小川正洋、野田隆史、田中健一、鶴見友昭、国士舘大学の西尾俊一らが早々と姿を消したのは、飲みはじめて約一時間後のこと。この動きに気づいた高柳光明は、おや、と初めて思った。必勝たちはどこかで三島と合流するのではないか、とかれは感じたのだという。

結果としてこの勘は、当たらずとも遠からずであった。

十二月十日、府中市で前代未聞の三億円事件発生。明けて昭和四十四年一月十八日午前八時、

「実力排除を開始します」

と宣言した機動隊約八千五百人がバリケード・ストのつづいていた東大に突入し、翌日封鎖解除に成功する姿が全国にテレビ中継されてまもない二月一日、「早稲田ハウス」の日学同本部には一通の書状が置かれていた。

「このほど一身上の理由により日学同を脱退致します。森田必勝」

同時に去ったのは、日学同内で「森田派」といわれていた上記の五人であった。以後、必勝は新宿区十二社《じゅうにそう》三百十六番地の小林荘八号室で田中健一と共同生活をはじめ、小川、野田、鶴見、西尾はしばしば泊まりにくる関係になってゆくのだが、これら六人の「十二

社グループ」を一般の楯の会隊員と同一視してはならない。

野田隆史は、われわれは一匹狼の集まりだった、楯の会は一種のファッションで、森田さんも「三島先生は好きだ」といってはいたが楯の会に打ちこむ気はさほどなかった、として驚くべきことを語った。

「われわれ一匹狼ができることといえばテロしかないやろ、ということなんです。爆弾仕掛けるのも、日本刀を持ってゆくのもある。ただしテロに成功したら、返す刀でおのれを刺して死ぬ。そのために大義名分を見つけ、そこまで自分を昂めるための精神修養を積んでゆく、というのが究極の目的でした」

鶴見友昭も、それは暗黙の了解事項だったとしていう。

「だれかが今日やるぞ、といえば、ああ、いいよ、という気持でした」

やがてかれらのなかには、切腹の稽古をする者もあらわれた。田中健一。

田中はその日のために三十万円以上の高価な脇差を購入し、

「森田さんも切腹の練習をしました」

と淡々と語る。

テロルとその結果としての「死」。三島がすでに脱稿した『豊饒《ほうじょう》の海《うみ》』第二巻『奔馬』に描いたイメージは、かれらの望むところでもあったのである。

第三章

惜別の時

前章では昭和四十四年（一九六九）二月一日、森田必勝《もりたまさかつ》が日本学生同盟（日学同）に脱退届を提出するまでの足どりを追った。日学同内で「森田派」といわれていた者たち——小《お》川正洋《がわまさひろ》、野田隆史、田中健一、鶴見友昭、西尾俊一らが必勝と行動をともにしたことも略述した。

しかし、日学同中央と「森田派」とがなぜ同床異夢の関係に立ち至ったかを詳述する余裕がなかったので、以下しばらくこの問題から考えてゆきたい。

まずは、四十三年十二月七日の日学同結成二周年中央集会まで委員長をつとめていた斉《さい》藤英俊《とうひでとし》の見解、——。

「委員長は積極的なタイプ、たとえば喧嘩が好きだとか口数が多いとか、そんなイメージで選ばれるわけです。そうすると私のつぎの委員長は難しい論文も書けて約束もきちんと守る山本之聞《やまもとしもん》ということになり、積極的に行動するタイプではあってもほかの諸点で之聞におよばない森田には与えるべき役職がない。だから森田は全日本学生国防会議の議長というまったく違うポストに就けておこう、ということでした」

すでに見たように、必勝が全日本学生国防会議の議長に就任したのは四十三年六月十五日、市ヶ谷の私学会館ホールでひらかれた同会議結成大会でのことであった。三島由紀夫が必勝のためわざわざ万歳を三唱しにあらわれたこの大会は、必勝が日学同から次第に浮きあがった存在と化してゆく契機ともなったのだった。

さらに、斉藤はいう。

「森田は一生懸命活動している者に『さすが！』と呼びかけて豪放なところを見せるんですが、次第に『党中党』を作る感じになってゆきました。活動をせず酒ばかり飲んでいるグループができはじめたわけです。私がそれを注意すると、かれは面白くないようでしたが」

こうして日学同中央執行委員たちの間には、「森田派」を、

「民族腐敗戦線」

と名づける者まであらわれた。これは、当時南ベトナム政府軍および米軍と戦っていた「南ベトナム解放民族戦線」のもじりである。

またなかには、あまりに一途《いちず》な必勝の性格を揶揄し、

「完成された単細胞」

と呼ぶ者もいた。必勝はかえってこの渾名《あだな》を喜び、白い歯を見せて応じた。

「おれはみごとな単細胞だ」

それにしてもこのようなネーミング自体が、日学同と「森田派」との乖離《かいり》を示すものであることはいうまでもない。あるいは日学同のうちには、この年の八月九日、納沙布岬《のさっぷみさき》か

ら貝殻島へわたるといって果たせなかった必勝をシニカルに見つめる視線も存在したのかも知れない。

いずれにせよ日学同中央から見れば、初め「日学同特使」としてやむなく三島に接近した必勝であったのに、ミイラ取りがミイラになって三島および『論争ジャーナル』グループに取りこまれてしまった、という印象を拭いきれなかったのであろう。

では、必勝とともに日学同を脱退した者たちの言い分はどうか。

「日学同の活動というのは、結局、全学連のやり方の裏返しのようなものなんです。月に何度かの会議にしても、労働組合の代表者会議みたいで面白うない。われわれは一般学生を相手にするのではなく、もっと純粋に命を賭けてやるというテロリズムに憧れておって、おなじ考え方の者たちが森田さんと一緒に行動したわけです」

と、全日本学生国防会議の副議長だった野田隆史は語る。田中健一も表現の細部こそ違え、ほぼおなじ論旨でそのころの気持を説明する。

ただし鶴見友昭は、また別の視点から解説を加えてくれた。

「斉藤さんも森田さんも、親分タイプの方でした。しかし親分タイプの人は、両雄ならび立たない。しかも森田さんはだれかが議論に熱中していると、『まあ、まあ』と間に割って入り、『なにを難しいことといってるんだ、まあ一杯いこうや』という。私はそれにコロッとやられて、森田さんについていったのです」

田中も鶴見も、

「テロをやれといわれればやった」

という点では野田と発想をおなじゅうする。一方の必勝といえば、失敗におわったとはいえ身命を賭して貝殻島へ上陸しようとした男なのだから、「生」に恋々《れんれん》としないという点ではかれらと共通する肌合いを持っている。日学同中央と「森田派」との以上のような発想の違いこそが、この分裂劇のおもな要因であった。

さて、必勝とその同志たちが山本に正式に脱退を申し入れたのは四十四年一月前半のことである。場所は新宿東口、紀伊國屋書店地下の喫茶店「カトレア」。ここは代金が安いので、コーヒーの好きな必勝の気に入りの店でもあった。

山本が相手に指名されたのは、前年十二月七日以降かれが斉藤英俊に代わって日学同中央執行委員長に就任していたためにほかならない。山本としてはよもや「森田派」が集団脱退を考えているとは思っていなかったが、ことここに至っては慰留しがたいものがあった。

「そこで私は、形式的に了解したわけです」

と山本は語り、席につらなっていた野田は、

「お互いに独自の道をゆこうということになった」

という表現によって当日のやりとりを説明してくれた。

注意したいのは、この分裂劇が反日共系三派によくあった「内ゲバ」を惹き起こす類のものではなかった、ということである。その後も必勝と山本とが一定の友情で結ばれていたことについては、のちに触れる機会もあろう。

また必勝は、一月十八日あるいは十九日、すでに旧同志となりつつある宮崎正弘とともに本郷の東大へ「安田講堂の攻防戦」を視察に行った。宮崎にはこの時必勝がしきりに目をこすっていたという記憶があるから、機動隊によるガス銃の一斉射撃とヘリコプター四機からの催涙弾の投下によって一帯が鼻を突く白い霧におおわれたなかでのことに違いない。

必勝は、かれに別れを告げた。

「自分の大学三年間の青春は、日学同幹部としての民族派学生運動にあった。運動を通じて三島先生を知り、氏に大恩をうけた自分としては何も思い残すことなく日学同を離れる」(『三島由紀夫「以後」』)

必勝はもっとも敬愛する新選組の土方歳三《ひじかたとしぞう》のことばだとして、こうもいった。

「組織に生きる男はお互いに辛《つら》いな」(同)

こうして必勝は、「早稲田ハウス」の日学同本部に二月一日付の脱退届を提出することになったのであった。

それにしても機関紙『日本学生新聞』の発行責任者になっていた宮崎としては、紙上において必勝たちの除名を宣言しておく必要があった。「森田派」に追随し、日学同を離脱しようとする者も少なくなかったので、脱退者は除名処分されると徹底しなければならなかったのである。

そこで二月中に刊行した同紙に、宮崎は除名理由をこう書いた。「共産主義者に魂を売りわたした」ため、と。

これは共産党ないし三派全学連が除名記事に「資本主義者に魂を売りわたした何某」と書く筆法にならったもので、宮崎が必勝たちを共産主義者に変質したと本気で信じていたわけではない。それでも日学同のスポンサーのひとりだった林房雄までがこの記事に驚き、

「君、あの記事は本当なのかね」

と山本にたずねる一幕もあったというから、この記事は相当に物議をかもしたようだ。

しかし、と私はここでいっておかねばならない。

「森田が死んでみせたのは、あんな記事を書かれたことに対する腹癒せだ」

という声が今日も一部にあるのは事実だが、これはあまりにも見当違いだ、ということ

を。

　考えてもみよう、このような解釈は一見必勝の死を悼むようでありながら、その実、必勝を腹癒せのために命を投げ出す、その程度の人物とみなしたところからしか生まれてこない。かれがそんなみみっちいことにこだわる男だったら、私はとても本稿を書く気にはなれなかっただろう。

二

　ともあれ、こうして森田必勝は日学同を離れ、新宿区十二社《じゅうにそう》の小林荘八号室で田中健一との共同生活を始めたのであった。それぞれの下宿先からよく泊まりにやってくる小川正洋、野田隆史、鶴見友昭、西尾俊一らをふくめてかれらは「十二社グループ」といわれるようになってゆくのだが、すでに見たようにその特徴は、テロルも辞さない一匹狼の集団という一点に存した。

　そこでつぎに、「十二社グループ」がなぜ反時代な感覚を身につけていたのか、という問題を個別に押さえてゆきたい。

　最初に家賃一万六千円の小林荘八号室の借り主でもあり、そのなかば以上を支払っていた田中健一の場合。

昭和二十二年七月生まれと必勝より二歳年下、福井県立若狭《わかさ》高校を卒業後、一浪して四十二年四月に亜細亜大学法学部にすすんだ田中の家は素封家で、祖父真如《しんによ》の代からファシズムとのかかわりが強かった。

北一輝《きたいっき》といえば二・二六事件の黒幕として銃殺刑に処された右翼の大物だが、真如はその門下の薩摩雄次《さつまゆうじ》と親交があり、豊かな財力によってスポンサー役もつとめた。戦前に満洲国の承認、国際連盟脱退を主張した中野正剛《なかのせいごう》と真如とが、一緒に写った写真も田中家に現存する。

また田中は風貌骨格ともにたくましく、体力も抜群であった。かれは百メートルを十秒台で走ることもできるため、日学同のデモ行進の時にはいつも旗竿を持つ役をつとめた。紛争中の日大へ出かけて全共闘と乱戦になった時には、木刀で相手の足を叩き折った猛者《もさ》でもある。

四十四年一月二日、六年ぶりにおこなわれた皇居への一般参賀は、昭和天皇を狙ってパチンコ玉を打った男が話題になった。同時に参賀一番乗りを果たしたのは、「大みそかの夜十時半から皇居前広場で二晩も徹夜した東京の大学生」(同年一月三日付『読売新聞』)

と報じられた。この大学生とは田中のことである。三島作品をことごとく読破し、感服していたことも、かれが迷わず必勝と行動をともにした理由のようだ。

つぎに、インタビューに出むいた私とおなじホテルに投宿し、十時間にわたって「十二社グループ」の思想と行動を語ってくれた野田隆史の場合。

小学校教員の子供として昭和二十二年十月大阪に生まれた野田は、心斎橋筋《しんさいばしすじ》にある南高校を卒業後、やはり一浪して麻布《あざぶ》獣医科大学に入った。しかし、かれが民族主義にめざめたのは中学時代にさかのぼる。

昭和三十五年十月十二日、日比谷公会堂で演説中の社会党委員長浅沼稲次郎《あさぬまいねじろう》が、山口二矢《やまぐちおとや》十七歳に刺殺されるという大事件が発生した。私は当時、小学校五年生。テレビ中継されていたその模様をたまたま眺めて子供心にショックを受けたひとりであったが、当の山口二矢は警視庁から練馬《ねりま》の少年鑑別所に移送された同年十一月二日の夜、みずから縊《くび》れて死んでいった。

「七生報国
天皇陛下万才」

という文字が、コンクリートの壁に残されていた（沢木耕太郎『テロルの決算』）。

中学一年にしてこの事件を知った野田は、以後山口二矢に憧れるようになり、あわせて皇室を非難する共産党が心情的に許せなくなった。高三の時には、大学生になったらなにか運動をはじめようと決意。日学同入りしてからも内心では五・一五のクーデター計画に深く関与した橘孝三郎《たちばなこうざぶろう》の農本主義を理想としていたというから、かれが日学同の「長期の展望に立った運動」に物足りなくなったのはそれなりに筋が通っている。

つづいて、鶴見友昭である。

鶴見の父は、衣類関係の卸《おろし》業者をしていて政治とは縁がなかった。だからかれは静岡県立浜松高校から早大政経学部の政治学科に入学するまで一定の政治的信条は持ちあわせなかったものの、左傾する気はまったくなかった。

その鶴見が死を決しての行動に憧れを感じたきっかけは、入学後まもなく中野正剛の文章を読み、すごい人がいたものだ、と思ったことだったという。中野正剛は昭和十八年八月、東条英機《とうじょうひでき》内閣を打倒すべく重臣工作をおこなって失敗。十月に憲兵隊の取調べを受けて帰宅したあと、切腹死を遂げている。

さらに、昭和二十三年七月千葉県に生まれた小川正洋は、のちに「三島裁判」のなかでつぎのような上申書を提出することになる。

「中学二年生のとき、同級生が『天皇は税金泥棒だ』と言ったことに腹が立ち、その同級生を思わず殴ってしまったことがありました」

「高校（千葉県立船橋高校＝筆者注）二年生のとき、天皇と自衛隊についてクラス討論が行なわれました。

自衛隊については『憲法を改正して軍隊にすべきだ』という私の意見と、『自衛隊は必要ない、非武装中立になるべきだ』という意見にわかれ、討論しましたが、私の意見に賛成する者はいませんでした」（『裁判記録「三島由紀夫事件」』）

野田はこの小川を「応援団タイプ」と形容する。

最後に小川とおない年で、茨城県立下妻《しもつま》一高を出て四十二年四月に国士舘大学政経学部に入った西尾俊一の横顔に触れておきたい。

「西尾の思想形成の過程をいえば、大学へ入るまでは、民族派の思想を持つに至る契機となるようなとりたてて大きな出来事はなかった。

強いていえば、子どものころ、父親と靖国神社に行ったとき、父親から、

『ここにはお父さんの戦友が眠っているんだよ』

と聞かされ、特攻隊の存在を知るようになったことだろう。だが、のちに靖国神社が国によって祀られていないばかりか、それを不思議に思うことさえ、世間一般からは軍国主義と目されかねないのを知った。西尾はそうした風潮に憤りを覚え、

〈彼らを特攻に駆りたてたものは何なのだろうか。国体護持とは？〉

と考えるようになった」（山平重樹『果てなき夢』）

「十二社グループ」に加わるまでの精神遍歴は、各人各様ともいえる。しかし、見えない糸のようにある共通性がほの見えてもいる。

第一は五・一五および二・二六のクーデター計画を批判的には見ないこと。第二は山口二矢の個人的テロルとその結果としての縊死《いし》、ないし中野正剛の割腹をも否定的には考えないこと。第三は憲法改正を是とし、かつ天皇を敬う心情と共産主義に対する嫌悪感とをあわせて持っていること。

ひるがえって必勝の脳裡には、四十二年七月に一週間、陸上自衛隊北恵庭《きたえにわ》駐屯地へ体験入隊したころから「死」、憲法改正、自衛隊によるクーデター、国体護持といった一連のイメージが揺曳《ようえい》しはじめていた。「十二社グループ」は、やはり野田の証言するごとく右のような心情の持ち主たちの同志的結合によって誕生した、と見て大過あるまい。

三

朝起きると新聞とハイライトを持って室外のトイレにむかい、なかなかもどってこない森田必勝。雑巾がけをしすぎて、畳を擦《こす》り切ってしまう田中健一。

ふたりの奇妙な共同生活がここにはじまったわけだが、表面だけを見れば、ふたりと雑《ざ》魚寝《こね》しにやってくる野田隆史、鶴見友昭、小川正洋、西尾俊一たちとは、講義を聴きにゆかない大学生の寄り集まりでしかない。さすがにこれではいけないということになり、必勝たちは同年四月を期して政治結社を発足させることにした。

名づけて、

「祖国防衛隊」

これは三島が楯の会の前身となった組織につけた仮称とおなじだが、「十二社グループ」のうち楯の会に入っているのはまだ必勝ひとりしかいない。それぞれが案を出し、隼なんとか隊などと言いあっているうちにふと浮かんできた隊名だった、と野田はいう。

つづけて「結成趣意書」、「基本綱領」、諸役員、「運動方針」、「年間計画」なども決められてゆき、

「祖国を守る若者の軍団／**『祖国防衛隊』**／あかつき社／連絡先／東京都新宿区十二社316小林荘8号室／電話　三七七―四五九二」

と表紙に書かれた九ページのガリ版刷りの冊子にまとめられた。

私は野田がいまも保存しているその一冊のコピーを提供されたので、まず「結成趣意書」によって祖国防衛隊の物の見方考え方を頭に入れておきたい。

なおこのころ必勝は、同志たちからマッチャンと呼ばれていた。

「マッチャンが書けば」

といわれても自分の文字が金釘流に近いことを知っている必勝が書こうとしないので、野田が代わって執筆することになったのだという。いわく、――。

「時代が新しい思想と新しい世界を生み出そうとする時、若き青年の血は、常にその犠牲に供せられた。

それは青年にとって最も誇らしい自己献身であり、最も栄光に満ちた歴史への参加である。（略）

そして皮肉にも燃える青年の血は、独り全学連闘士によってのみ専有されているかのような現象が出現した。

日本の未来と民族の将来が全て彼ら青年の手中に握られているとしたら、そして日本の文化と歴史を守ろうとする青年にその気概《ママ》がないとしたら――嗚々（呼）日本よ何処へ行く、日本民族よ何処へ行く。

我々は、我らの父祖達が長い間永々（営）として築いてきた日本の歴史と文化、更には民族の栄光の根源をどこまでも守ろうとするものである。そこにのみ日本の未来があり、あたら青年の血を献じてもなお、惜しみない我々の生命の根源があると信ずるものである。

明日の日本を信ずる青年よ集いあれ!!」

一見して気づくのは、「青年の血」ということばが岸辺に寄せる波のようにリフレインされていることであろう。結社活動と、その果てにある「死」——その自覚は、「運動方針」には左のように表現された。

「我々は、祖国日本をあらゆる侵略から守る為、行動・理論・精神を一体として、真に皇国日本に殉じる活動を行いうる人間を造る為、日常の心身鍛錬をする。（以下略）」

ここにも一種の〈死の形而上学《けいじじょうがく》〉が、色濃く反映されている。となれば三島の〈死の形而上学〉の変遷についても触れざるを得ないところだが、本稿は三島由紀夫論ではないので略述するにとどめる。

三島が太平洋戦争末期の東京と室町時代の乱世とを重ねあわせた短篇中に、

「そこでは投身の意志さへも候鳥《こうちょう》（渡り鳥＝筆者注）のやうに闊達だから、意志は憧れとしかみえないと、言つた人はなかつたのか」（「中世に於ける一殺人常習者の遺せる哲学的日記の抜萃」）

と、「死」への意志と憧れを謳ったのは昭和十九年、十九歳の時のこと。

二十年十月の妹美津子の死と「戦争中交際してゐた一女性」が「他家」へ嫁いだことの衝撃によって「人生に見切りをつけ」（「終末観からの出発」）、「自殺を考へた」（「空白の役割」）三島は、二十三年十一月に刊行した処女長篇において「死」への意志があればこその「生」である、という逆説に到達した。

「『死の意志』といふこの徒爾《あだごと》のおかげを以《もつ》て、彼はいよいよ死ぬところへ行くまで生きてゐることができるのだ。彼を今即刻死なせないでゐるものは、他《ほか》ならぬこの『死の意志』だ」(『盗賊』)

三十六年発表の「憂国」、四十一年の「英霊の聲《こえ》」その他の諸作を経て政治的な「死」を希求しはじめた三島が、四十二年の秋以降、村松剛《むらまつたけし》に対し、「昭和四十五年の安保騒動、おれが斬死《きりじに》する」と語るようになったことはすでに書いた。

その文学的イメージが、四十四年二月刊の『豊饒の海』第二巻『奔馬』という傑作に結実したことは周知の通り。つづいて三島は第三巻『暁の寺』へと筆をすすめながら、一般読者層に対しても「死の意志」を行動に移す日がさほど遠くないことを匂わせはじめた。

四十四年二月二十六日付『毎日新聞』夕刊に寄せた、「『豊饒の海』について」にいう。

「順調に行けば全四巻の完結は、昭和四十六年末になるであろうが、実のところ、私はこの小説を完結させるのが怖い」

あきらかに三島は、『豊饒の海』全四巻を完結させた暁こそおのれの死すべき時、とこのころから考えはじめていたのである。

一方において三島は、「反革命宣言」(『論争ジャーナル』同年二月号)のなかでこうも論じていた。

「戦ひはただ一回であるべきであり、生死を賭けた戦ひでなくてはならぬ。生死を賭けた戦ひのあとに、判定を下すものは歴史であり、精神の価値であり、道義性である。われわれの反革命は、水際に敵を邀撃《ようげき》することであり、その水際は、日本の国土の水際ではなく、われわれ一人一人の日本人の魂の防波堤に在る。千万人といへども我往かんの気概を以て、革命大衆の醜虜に当らなければならぬ。（略）かれらの蝕まれた日本精神を覚醒させるべく、一死以てこれに当らなければならぬ。

われわれは日本の美の伝統を体現する者である」

必勝たち祖国防衛隊の発想法に、まことに酷似しているのに驚かされる。なお祖国防衛隊の諸役員は、つぎのように定められた。

隊長森田必勝（早大四年）
副隊長・統制部担当小川正洋（明治学院大三年）
同・財務部担当野田隆史（麻布獣医科大三年）
事務局長田中健一
組織局長西尾俊一（国士舘大一年）
渉外局長倉田賢司（立命館大一年）
情宣局長鶴見友昭（早大三年）

ここに初めて名前の出た倉田は必勝の縁者で、高校時代から民族主義運動をおこなっていた者である。いずれにせよ右のメンバーのうち楯の会隊員でもあったのは必勝のみだから、祖国防衛隊はまだかれによって辛うじて三島とつながっているだけの微細なグループにすぎない。

四

楯の会隊員であり、祖国防衛隊の隊長でもある森田必勝。その必勝は、同年二月に発刊された楯の会機関誌『楯』の創刊号には「永遠の恋人」と題した一文を寄稿していた。

「楯の会の会員諸君！　ぼくは二十三年の間、ただ一人の女性に恋をしている。彼女はぼくが生まれ落ちると同時に、あたかも天の摂理でもあるかのように、ぼくの永遠の恋人としてぼくを育み、愛してきた。ぼくはその愛に応えようと一応(心)に努力している。（略）

恋愛そのものに没頭し、全てを忘れてしまうことがある。そしてそれ以上に愛することには必ず苦悩が伴うことも知ってきた。この苦悩をのりこえ、この恋愛に真剣に取りくもうと思っている」（『わが思想と行動』）

必勝が矢野潤から徳富蘇峰《とくとみそほう》の作と教えられ、「俺の恋人、誰かと思う　神のつくりた日本国」という文句を愛吟していたことを思い出していただきたい。必勝は日学同との別れという「苦悩をのりこえ」、一方では祖国防衛隊の活動に、他方では楯の会のそれに「真剣に取りくもう」としていたのである。

これは、二股をかけた発想ではない。楯の会の会合は、月に一度の月例会のみ。その日だけ制服制帽に身を固めて出かけてゆけばよいから、必勝と「十二社グループ」とは日常活動をおこない得る組織として祖国防衛隊を構想したのだ。

ほぼ同時に田中健一は、亜細亜大学を二年修了で自主退学に踏み切ってしまう熱意を見せた。

「この運動に賭けるつもりでしたから」

と田中は私にその理由を語ったが、「この運動」とは楯の会ではなく祖国防衛隊を意味する。

このように祖国防衛隊の各自が静かに闘志をかき立てるのとまったく並行して、三島由紀夫の楯の会に賭ける意気ごみも本腰を入れたものになりつつあった。

三島は、やはり『楯』創刊号に寄せた「楯の会の決意」に書いている。

「いよいよ今年は『楯の会』もすごいことになりさうである。第一、会員が九月には百名になる予定。第二、時代の嵐の呼び声がだんだん近くなつてゐることである。

自衛隊の羨望の的なるこの典雅な軍服を血で染めて闘ふ日が来るかも知れない」

当面三島は、百人の楯の会隊員を小隊指揮官として養成しようとしていた。各人が小隊五十人を統率すれば、おのずとかれ自身は五千百人の民兵の隊長となる。そうすれば四十四年一〇・二一の国際反戦デー、あるいは「四十五年の安保騒動」に際して自衛隊に先んじて治安出動し、自衛隊を国軍と認知するよう憲法を改正させることができる、という発想である。

楯の会への入隊希望者は、西銀座の『論争ジャーナル』編集部におもむき、同会学生長でもある持丸博《もちまるひろし》の面接を受けねばならなかった。いわば楯の会は三島・持丸コンビによって運営されていたわけだが、このコンビと必勝たち祖国防衛隊の歯車の嚙みあう時はすぐに訪れた。必勝からの働きかけもあったに違いない、二月中に持丸が小川正洋、田中健一、鶴見友昭の入隊を認めたため、三人は楯の会第三期生二十七人のうちに名をつらねることになったのである。

かれらが陸上自衛隊に体験入隊したのは、三月一日から二十九日まで。場所はやはり富士学校の滝《たき》ヶ《が》原《はら》分屯地であったが、今回から五日間のリフレッシャー・コースも設けられたので、第一期生、第二期生のうち必勝をふくむ二十四人もあらためて参加した。

むろん、三島も行った。なお、三島は昨四十三年七月、避暑先の下田東急ホテルから『ザ・タイムズ』東京支局長ヘンリー・スコット＝ストークスに左のような意味あいの手紙を出していた。

「このあいだ死んだ日沼倫太郎《ひぬまりんたろう》（文芸評論家＝筆者注）が、三島文学の唯一の解決は自殺だと何度も言っていたという。日沼が死んでから、その言葉がいっそう重く感じられるそうだ」（ストークス著、徳岡孝夫訳『三島由紀夫　生と死』）

三島がストークスを体験入隊の取材に誘い、ストークスがこれを受けたため、かれは必勝に会ったただひとりの外国人記者となる。楯の会隊員たちが雪の富士山麓を分列行進する姿と必勝の印象とを、ストークスはのちにこう記した。

「楯の会は、野戦訓練はおろか、ほとんど訓練というものをやったことがないらしい。（略）三島独特の悪趣味《キッチュ》から出た制服は面白いが、要するにそれだけ。（略）学生長の森田必勝《まさかつ》というのに会ったが、二十三歳くらいで、頭の回転はあまり速くなさそうだ。三島を崇拝し、彼を天皇と混同している」（同）

三島が楯の会に最後の期待を托し、必勝とは「おい、森田」「はいっ」という間柄だったことを想起すれば、ストークスの筆致にはイギリス人好みのシニシズムの隈取りがやや濃すぎるといえようか。

楯の会内部から見ればこの体験入隊は充分満足できるものだったらしく、必勝と鶴見友昭とは帰京直後につぎのような会話を交わした。

「お前、三島先生に手紙を書けよ」
「なんて書けばいいんですか」
「『先生に命を預けます』と、それだけ書けばいいんだ」
「わかりました」

と答えて、鶴見もちょうど一年前の必勝同様三島に手紙を出した。だが、なぜか三島からの反応はなかった。

ちなみに、北海道立札幌西高から神奈川大法学部に進んでいたフルコガこと古賀浩靖《こがひろやす》は、この時三年生。和歌山県立桐蔭《とういん》高校からおなじ大学の工学部に入ったチビコガこと小賀《こが》正《まさ》義《よし》は二年生ながら、ともに楯の会二期生である。ただしこのふたりはそろって宗教団体生長の家の練成会の出身でもあったため祖国防衛隊には参加していない。

必勝、小川、田中、鶴見の復帰を待ち、祖国防衛隊は「昭和四十四年度年間計画」に従って活動を開始した。その前半期（四月〜九月）の予定だけを紹介しておく。

週一回（毎土曜）学習会（国内状勢、歴史、皇国日本の哲学的論理）
週一回（毎日曜）軍事教練（基礎体力重点）
週二回（未定）語学学習（英語、韓国語）

月一回　郊外軍事教練
四月　末から五日間の軍事教練合宿（富士山麓に於いて）
五月　三日間の理論合宿
六月　講演会及び各団体の公開国防討論会の主催
七月　韓国の軍事力及び反共運動の現地視察
八月　自衛隊体験入隊（一ケ月間）
九月　自衛隊員、旧軍人との懇談会

楯の会を「世界で一等小さな軍隊」（「楯の会のこと」）と表現した三島の顰《ひそ》みにならうなら、仮想敵と刺し違えることによって「皇国日本」に殉じようとしていた祖国防衛隊は、「世界で一等小さな潜在的テロリスト集団」だったといえよう。

その点について野田は、きっぱりと語った。のちにテルアビブ空港で乱射事件を起こした日本赤軍の岡本公三《おかもとこうぞう》とわれわれの違いは、心に天皇があるかないかということだけだった、と。

さらに右のような年度計画はどの程度まで消化できたのか、とたずねると、野田はいった。

「学習会はしましたよ。軍事教練合宿も、五月の連休に栃木県黒磯《くろいそ》市にあるさる画家の別荘を借りておこないました。木刀やランニング用具を持っていって山を走ったり、まあいまから思えば大したものはできなかったと思うんですけど」

七月には、伊豆の神津島《こうづしま》でふたたび軍事教練合宿。小川と鶴見は、さる団体の招待で韓国視察に行ったというから本格的である。

野田と西尾俊一、倉田賢司の三人も、楯の会四期生として七月二十六日から八月二十三日まで陸上自衛隊富士学校への体験入隊を果たした。これによって祖国防衛隊のメンバーは、全員が楯の会に加わったことになる。

必勝は三月同様この体験入隊にも新隊員たちを引率する学生長として参加し、その下には班長クラスとして小賀正義も加わっていた。

小賀は長身の小川正洋やぶ厚い体軀の古賀浩靖はもとより、身長百六十七センチの必勝と較べてもひとまわり小柄で細身。しかも柔和な顔だちの持ち主だが、懸垂はほとんど無限にできる。トラックを走れば、いくらまわっても倒れない。性格も至って素直なので三島に気に入られたようだった、と野田はいう。

その三島は、かつて語ったことがあった。

「お前らはいいよなあ。本も読んでいないし、難しいことをいわないから」

「三島先生は、本は読むなといっていました。いろいろ読むと、ものを考えすぎて行動を起こせなくなってしまうんでしょうね」

と鶴見も語るところを見ると、三島が楯の会四期生三十人にむかって同様のせりふを口にする場面もあったものと思われる。少年時代から自身の繊細すぎる感受性に悩んできた三島ならではのことばだが、かれはこのころから新たな悩みに直面していた。

八月四日付、川端康成《かわばたやすなり》宛の手紙にいう。

「ますますバカなことを言ふとお笑ひでせうが、小生が怖れるのは死ではなくて、死後の家族の名誉です。小生にもしものことがあつたら、早速そのことで世間は牙をむき出し、小生のアラをひろひ出し、不名誉でメチャクチャにしてしまふやうに思はれるのです。生きてゐる自分が笑はれるのは平気ですが、死後、子供たちが笑はれるのは耐へられませんス」(『川端康成・三島由紀夫往復書簡』)

三島はついに、おのれの「死」を前提として死後のことにまで思いを巡らしはじめていたのである。

対して必勝は、感受性の病を患うタイプではない。今回の体験入隊で小賀正義と急速に親しくなった必勝は、その後はどこへつれ立って出かけた時も自慢顔でいった。

「ぼくは必勝《ひっしょう》、かれは正義」

野田によれば必勝は祖国防衛隊を結成したことも三島にありていに告げたため、三島は苦笑気味に答えたという。

「おれが前に考えていた名称を取ってしまったじゃないか」

五

三島由紀夫は、『群像』同年十一月号に発表した名エッセイ「蘭陵王」の着想もこの体験入隊中に得た。森田必勝、小川正洋についで異能の青年小賀正義を知ったこと、楯の会隊員が第四期生をもって目標の百人に達したことを考えあわせれば、三島なりに満足のゆく富士学校行きであったろう。

しかし、反戦フォークソングの歌手新谷《しんたに》のり子が、

「三月三十日の日曜日　パリの朝に燃えたいのちひとつ」

と歌う「フランシーヌの場合」の流れる東京へ帰って「蘭陵王」を脱稿した直後の三島には、ショッキングな出来事が待っていた。『論争ジャーナル』編集長の中辻和彦と副編集長の万代潔《ばんだいきよし》、つづいて同誌編集次長で三島の片腕だった持丸博が、楯の会を脱会したのである。

伊藤好雄によれば同誌は次第に部数を落とし、「返品の『論争ジャーナル』」といわれて

いたそうだが、いわゆる「三島事件」発生直後の「警視庁の捜査報告書」(『裁判記録「三島由紀夫事件」』) は、この脱会劇の背景をつぎのように分析している。

「脱会の理由は、中辻らが論争ジャーナル誌発刊のための資金を学生運動に理解を持つといわれる田中清玄《たなかきよはる》ら一部の財界人に求めたことが、三島の怒りにふれた。《ママ》とか、論争ジャーナルの経営が苦しくなって、中辻らは楯の会どころではなくなった。《ママ》といわれており、経済的な問題から脱会したとする見方が強い」

　野田隆史によれば、かれら楯の会四期生の体験入隊に持丸が同行せず、必勝が代理の学生長をつとめたのも、それ以前から三島と『論ジャ』グループとの仲が軋みはじめていたからだという。

　去った持丸に代わり、三島が二代目の学生長に指名したのは必勝その人であった。必勝と三島とがあたかも二頭立ての馬車のように疾走しはじめるのは、実にこの昭和四十四年十月以降のことである。

　それまでの必勝は、靴下は汚れれば裏返しにして何日も着用。洗濯もしないため穿けるパンツに事欠いた時にはじかにズボンに足を通し、歯ブラシさえ田中健一とおなじものを使っていた。トランジスター・ラジオをわずか千円で質に入れたこともあったというから、その窮乏ぶりは察しがつく。

だが、三島から楯の会学生長として月々活動費を与えられるようになって、必勝はにわかに気前がよくなった。上記の肩書を刷りこんだ名刺も作った。

よく行っていた小林荘近くの食堂「三枝《みえ》」、新宿西口の小便横丁の焼鳥屋や十円寿司のほか、やはり近所のスナック「パークサイド」にはサントリーの角瓶やオールドのボトルをキープ。祖国防衛隊のメンバーをはじめ、小賀正義やこのころから近しくなった古賀浩靖にも奢《おご》ってやるようになり、いつもフィルターぎりぎりのところまで喫っていた八十円のハイライトも、百円のセブンスターに切り換えた。

必勝は、三島から活動費を受けていることをだれにも打ち明けなかった。しかし祖国防衛隊の者たちは、ほかの楯の会隊員たちのことばなどからそれと知っていた。その月額が十万円と、大卒初任給の三倍近い大金であることも。

このような必勝の変化に、金沢大学工学部一年生になっていた上田茂もまもなく気づくことになる。十一月、必勝が金沢の下宿へ遊びにきたからである。

小さなバッグひとつを手にしてあらわれた必勝は、上田茂にいった、まず銭湯へゆこう。それから飲みに出よう。

銭湯からあがると、必勝は新しいシャツとパンツを着け、脱いだ方は捨ててしまった。そして、不思議そうに見ていた上田茂に気づき、こう説明した。

「これはもう洗濯しない。何日か着たから捨てて、新しいのを着るんだ」

マカヤンは、どんな生活をしているのか、ちょっと普通ではない、と上田茂は思った。

それにしても三島は、この必勝のどのようなところが気に入ったのか。「先生のためには、いつでも自分は命を捨てます」と必勝が三島に書き送ったことには何度か言及したが、田中健一の語る必勝の一側面にも注目すべきものがある。

「森田は、おそらく三島先生の文学は一作も読んでいなかったと思うんです。森田は先生にむかって、『先生の書いたものを読んでもチンプンカンプンや』とはなからいうてましたから。ぼくらには三島先生というと雲の上の人なのに、森田はそこらでお神輿《みこし》をかついでいるおっさんとしゃべるように先生と話すのです」

田中は必勝を介し、三島にたっての願いを聞き届けてもらったこともあった。自分がもし結婚して男児に恵まれることがあったなら、先生の公威《きみたけ》という本名をぜひ頂戴したい、と。

必勝は三島がそれを了解し、豪快に笑ったと田中に報じた。

このような面から私が必勝のイメージと重ねあわせたくなるのは、三島作品の主人公でいえば『潮騒《しおさい》』（昭和二十九年）の久保新治と『剣』（三十八年）の国分次郎である。

久保新治は恋人の初江と恋仇との仲を疑った瞬間、

「汝《んの》んとこへ、川本の安夫が入婿に行くちゆうの、本当か」

と単刀直入にたずねずにはいられない青年として造型されていた。しかもその舞台「歌《か》島《じま》」は伊勢湾に浮かび、行政区画でいえば三重県のうち。のみならず、ここからは、

「四日市にいたる海岸線が隠見してゐる」

と、『潮騒』第一章の冒頭にある。

新治が風邪ひとつ引いたことのない、必勝同様健康そのものの肉体の持ち主とされていることなどを考えると、三島は必勝と初めて会った時、一時自分の憧れた青年像が目の前に出現したと錯覚して驚倒したのではないか、とすら私は思いたくなる。さらに新治は「歌島丸」乗組員として沖縄で暴風雨に遭った時、命綱を浮標《ブイ》につなぐ危険な役を「白い歯並」を見せてみずから買って出、怒濤の海へ飛びこみもする。まるで貝殻島へわたろうとした必勝のように。

また、大学の剣道部主将である国分次郎の方は、あまりにも純粋無垢な青年として造型されていた。かれは部員たちが命令違反を犯したと知るや、恬淡《てんたん》と死を選択する。

久保新治に国分次郎を足して二で割ると、答えは森田必勝。

本稿のための取材を開始して以来、私はそんな等式が成立するような気がして仕方がない。

「先生のためには、いつでも自分は命を捨てます」と告げて三島に「参った」といわせておきながら、「先生の書いたものを読んでもチンプンカンプンや」とおそらく笑顔でいったであろう必勝は、持ち前の個性そのものを〈壁抜けの秘術〉としてすらりと三島の内ぶところへ飛びこんでしまったのではなかったか。

さて、以上で外堀は埋めおわったように思うので、いよいよもっとも困難なテーマに立ちむかうことにしよう。そのテーマとは、「必勝と三島はいつごろから『死』の協同謀議を始めたのか」という問題である。

六

森田必勝ら祖国防衛隊のメンバーが、田中健一の購入した時価三十万円以上の脇差ないし持ち寄った短刀などにより、切腹の稽古を始めたのは昭和四十四年二月以降のことでなければならない。それがただのお遊びではなく、テロルの果ての自刃という『奔馬』さながらの世界を想定しておこなわれたことは、

「お前は切腹できるか」

と必勝に問われた者がいることからも逆照射できる。田中に至っては稽古中実際に切っ先を腹部に押し当ててしまったため、今日も傷痕が残っている。

対して三島由紀夫は自身の「死後の家族の名誉」につき、川端康成に悩みを打ち明ける以前の同年六月、大映配給映画「人斬り」（八月九日封切）に出演、人斬り新兵衛《しんべえ》こと幕末の薩摩藩士田中新兵衛に扮し、「憂国」につづいて切腹シーンを熱演していた。

「〈人斬り〉田中新兵衛にふんして」という一文に三島は書いた。

「ただやたらに人を斬った末、エエ面倒くさいとばかり突然の謎の自決を遂げる、この船頭上りの単細胞のテロリストは私の気に入った」（七月一日付『読売新聞』）

越えて十月二十一日は、また国際反戦デーである。

反日共系各派は東京、大阪でゲリラ活動を展開し、千五百五人の逮捕者を出した。前年につづいて新宿で暴れた学生たちは機動隊に追われ、山手線沿いに高田馬場を経て早大キャンパスへ逃れた。

「早稲田ハウス」背後の都電通りでその流れを観察していた日学同の山本之聞は、三島と鉢合わせして双方互いに驚いた。三島は一〇・二一が流血放火から新宿市街戦にまで発展した昨年以上の荒れ狂いようとなれば、それを梃子《てこ》に自衛隊が治安出動し、戒厳令から憲法改正へと事態が進展する、と考えて偵察にあらわれたのである。その過程にこそ楯の会の出番があると、過剰な期待を抱いて。

しかし、それはうたかたの夢におわり、三島は失望を禁じ得なかった。

その直後に書いたと思われる論文「『国を守る』とは何か」(『朝日新聞』十一月三日付夕刊)に、三島は「最近私は一人の学生にこんな質問をした」として、問いと「透徹した答え」とを紹介している。

「君がもし、米軍基地闘争で日本人学生が米兵に殺される現場に居合わせたらどうするか?」

「ただちに米兵を殺し、自分はその場で自刃します」

そう答えた「一人の学生」とは、森田必勝であろう。というのも三島と必勝は、楯の会結成一周年記念パレードの打ちあわせのため、このころしばしば会合していたからである。

十月三十一日、楯の会幹部を自宅に集めた三島は、一同にたずねた。

「一〇・二一も不発に終わり、彼ら(過激派学生=原注)の行動に対する治安活動もなくなった。楯の会はどうすべきか」(小賀正義証言=『裁判記録「三島由紀夫事件」』)

「楯の会と自衛隊で国会を包囲し、憲法改正を発議させたらどうだろうか」(同)

と答えたのは必勝であった。これに三島は、首を振った。

「武器の問題のほか、国会の会期中はむずかしい」

三島が蹶起《けっき》自体は否定せず、武器が整い、かつ閉会中であれば国会を占拠してもよい、といったニュアンスで応じていることに留意したい。『朝日』の記事といいこれといい、三島が質問役にまわり、必勝ないしそれと覚しき「学生」が具体的行動を答えとして語る、という形になっていることには格別の注意をうながしたい。

三島が一〇・二一に自衛隊の魁《さきがけ》として治安出動する夢に破れたこと。ならば自衛隊に蹶起を呼びかけ得る状況を作り出すためにも国会占拠を、と必勝が考えたこと。それらが相《あい》俟《ま》ってふたりは最終的に歩調をそろえた、と私は見るからである。

この三月、富士学校へ取材に訪れたストークスからなぜ楯の会に入ったのか、と問われた時、必勝は答えた。

「彼は、三島に随《つ》いていこうと思った。……三島は天皇につながっているから」（『三島由紀夫　生と死』）

ここで必勝が「彼」となっているのは、通訳した三島が三人称を用いたためにほかならない。このような決意を持続した果てに、必勝は三島と、三島は必勝とともに勁《つよ》く死ぬことのできる舞台を求めはじめたのではあるまいか。

ちなみに、いわゆる三島事件の担当検事石井和男はその論告において左のように断定している。

「本件は、昭和四十五年四月ころ平岡公威こと三島由紀夫（注略）がある行動を起こすことを発案し、森田必勝がこれに協調、次いで小川、小賀両被告が参画し、最後に古賀被告がこれに加わった」（『裁判記録「三島由紀夫事件」』＝以下、『裁判記録』）

　この見解には修正すべき余地がある。「昭和四十四年十月三十日、必勝がある行動を起こすことを発案し、三島がこれに協調」した、と。このあとすぐ見るように、三島が四十五年五月中旬までの約半年間、必勝の案に内心賛同していたことはあきらかだからだ。

　十一月三日、国立劇場の屋上で楯の会結成一周年のパレードを済ませた三島は、十二月一日山の上ホテルで村上一郎とおこなった対談「尚武の心と憤怒の抒情」の席上で、以下のように発言している。

「『あした首相官邸を占領する』といったら、その言葉は文学の言葉と本質的に同じ重さを持つべきだ」

「だから『十一月死ぬぞ』といったら絶対死ななければならない」（三島由紀夫対談集『尚武のこころ』）

　人には本音をポロリと口にしてしまうことがある。必勝と三島とは、四十四年十月三十日以降十二月一日以前のいずれかの時点で、場所を国会とするか首相官邸とするかはともかく、四十五年「十一月」に「死ぬぞ」というところまで黙契《もっけい》を交わしていた、と私は思う。

　この仮説を支持する証言もないではない。

「私は一年くらい前から、なんか危ない、なんか危ないと感じていました。マサカッチャンが大学卒業後どうするのかいわないので」

と私に語ったのは、必勝の初恋の人上田牧子である。

「一年くらい前」とは四十五年の正月休みのことであろう。前後して必勝は兄の治にも、留年したいが許してくれるか、と持ちかけている。

「君の人生だから勉強をすることがあるならそれでもいいが、もう二浪しているんだよ。留年後は自分で稼ぎなさい」

と、治は答えた。

ついで春休みのことか。とすれば必勝は三月一日から二十八日まで楯の会五期生三十人とともに富士学校へ入隊したはずだから、二月下旬か三月二十九日以降のことである。また四日市へ帰った必勝から留年すると聞き、上田牧子はいよいよ厭な気がしたという。

楯の会学生長を辞めたくないから、留年するのか。

そう感じた牧子が、

「学生の身分でなければ学生長はできないの」

とたずねると、必勝は曖昧に答えた。

「そうでもないんだけど」

さらに野田隆史は、その春休み中か五月の連休中に必勝が田中健一の福井の実家を訪ねた、このことは田中も知らない、としてこれまで世に伝えられていない事実を教えてくれた。

「その時帰郷していた田中君は家に不在で、応対に出たのはお父さんでした。お父さんはなにか感じたんでしょうね、森田さんの手を握って『うちの息子を危険な目に遭わさんといてくれ、一人息子やから』と頼んだので、森田さんはものすごく落胆して帰ってきた。私にはしょっちゅうそういうてました」

必勝が野田に失望感を洩らした時、野田はむろん必勝と三島の黙契を知ってはいない。必勝も田中の父が祖国防衛隊あるいは楯の会の活動自体を「危険」視していた、というニュアンスで野田に伝えたようだ。

春休みか、五月の連休か。すでに田中の父も世を去り、三十年の歳月の壁にさえぎられて確定しにくいのが口惜しいが、私はこれを春休みの出来事と見て差しつかえないと思う。

第一に田中は、自分たちの運動のために大学も自主退学してしまった必勝の共同生活者である。第二にその田中は、自分の子を公威と名づけたいと考えるほど三島文学に心酔し、皇居への参賀一番乗りを果たした尊王派でもあって、切腹の稽古中に腹部を傷つけてしまうほど「死」を恐れない面もある。これらの諸点から考えると、必勝がまず田中を同志に加えようと考えたところでなんの不思議もない。

さらに必勝の福井行きを春休み中のことと想定してよいのであれば、並行してか、あるいは一歩遅れてか、三島が小賀正義、小川正洋に接触した事実も矛盾なく理解できる。三島が帝国ホテルのコーヒーショップで小賀に会ったのは、「四月初旬ころ」。小川が三島邸に招かれたのは「同月十日ころ」。ふたりは「最後まで行動を共にする意思の有無」を打診され、そろってこれを承諾した（『裁判記録』）。

こうして田中が外れ、三島、必勝、小賀、小川とメンバーが確定されていった、と私は見たい。

七

三月十四日、大阪万国博ＥＸＰＯ'70開幕。同月三十一日、赤軍派九人が日航機「よど号」をハイジャックし、四月三日に北朝鮮の平壌《ピョンヤン》へ。五月三日、創価学会の池田大作会長が出版妨害問題を批判され、公明党と同会との政教分離を表明。

多様な展開を見せる同時代史を、もう森田必勝は眉をあげて見つめてはいなかった。

四十五年五月の連休明けから、必勝の生活はだれの目にもあきらかな変化を見せた。単身三島邸へ出かけ、瑤子《ようこ》夫人からサントリー・オールドをもらって夜中に帰ってきたり、銀座の画廊「月光荘」で三島と密談したりしていて、小林荘を空けることが多くなった。

祖国防衛隊のメンバーたちと小便横丁へゆくことも絶えてなくなった。

いつもにこやかな青年だったにもかかわらず、同時に必勝にはなにか苛立っているような言動もめだちはじめた。それを野田は、

「第一に目が笑わなくなった」

と表現する。

「ぼくは必勝、かれは正義」

小賀正義と並んでおどけるといった必勝の愛敬のある側面は、これ以降叢雲《むらくも》に隠れた月のように消えていった。

「おれはおれの信念でやってんのや」

小林荘二階廊下のピンク電話で、必勝が兄の治と口論する光景がよく見られるようになったというのもこのころからのことであろう。

「同年五月中旬ころ」三島は自宅で必勝、小賀、小川に対し、「楯の会と自衛隊がともに武装蜂起して国会に入り、憲法改正を訴える方法が最も良い」と語った（検事石井和男の冒頭陳述＝『裁判記録』）。前述したように、必勝がこの計画を三島に提案したのは四十四年十月三十日に遡る。

してみると、以後およそ半年間にわたった必勝と三島の謀議は、必勝案を骨子として推

移していたことになる。その意味においていわゆる三島事件の真相は、実は「森田事件」というべきものであった、と書いては言い過ぎであろうか。

それにしても五月の連休明けから必勝の目が笑わなくなり、時として苛立ったような言動を見せるようになった理由はなにか。ここで私の思い出すのは、四十三年八月九日、「貝殻島上陸作戦」を敢行しようとした時の必勝の表情である。

「どうせ国に捧げた命だ。少しでも祖国の歴史の先覚的役割を担いたい」

と語った必勝は、鶴見友昭に対しては、

「死んでもしょうないわ」

とつぶやいた。

紫色の唇を震わせて日学同の仲間たちと別れの盃を酌み交わした必勝は、それから二年目、おなじ目的のもとに再度「死」を決するにあたり、まことに健康な肉体を持った一個の青年としてさまざまな葛藤を味わっていたのではあるまいか。

ちなみに必勝と三島は自分たちの「死」を既定のことと考えていたが、「五月中旬ころ」の小賀、小川との初会合では両者ともにそこまで思いを吐露してはいない。すなわち必勝にとっては、これから半年間小林荘の雑魚寝仲間にも「死への意志」を伝えられない苦しい日々がつづくことになる。

その後の謀議の変遷についてはよく知られていることなので、おもに『裁判記録』によって略年表風に概観するにとどめたい。

6・13　四人はホテルオークラの一室に集合。三島は自衛隊には期待できないとして、自衛隊の弾薬庫占拠案と東部方面総監を人質にして自衛隊に蹶起をうながす策とを提案。弾薬庫の所在がわからないとの指摘を受け、総監人質策のみを採る。

6・21　おなじく山の上ホテルの一室で作戦会議。人質に取る対象は東部方面総監から三十二連隊長に切り換えられ、武器は日本刀、搬入方法は自動車、運転するのは免許証を持つ小賀と決定。

6・23　前日の政府声明により、日米安保条約は自動延長となる。全国で約七十七万人が安保反対運動をおこなったが、三島らの方針には変化なし。

7・5　同所に再集合、決行期日を十一月の楯の会月例会の日と定める。

7・21　小賀、三島からわたされた二十万円で四十一年型白ぬりコロナを購入。

7月・8月の各下旬　四人はホテルニューオータニのプールに集合、同志に古賀浩靖を加えることを決定。

七月から八月にかけて——最後の夏の間に、必勝の言動にはまたしても変化があった。それまで祖国防衛隊の者たちとテロルについて語りあい、切腹の稽古までしていたにもかかわらず、にわかにテロルは無意味だとして、むしろクーデターを主張しはじめたのである。

五・一五の黒幕橘孝三郎に憧れていた野田隆史に対しては、橘批判をもためらわなくなった。

「あれだけの事件を起こして、どうして命を捨てなかったか。最後に逃げたやないか、絶対許せん」

と必勝がいうのを聞いて、これは三島先生の影響だな、と野田は感じた。よもやその背後に、おれは「死」から逃げたりはしない、というメッセージが潜んでいるとは思わずに。

それにしても「死への意志」というものは、いわず語らずのうちに眉宇《びう》にあらわれてしまうようだ。この夏、必勝の四日市へ帰省した日と再上京した日付とを確定することはもはや困難になっているが、四日市市内富州原《とみすはら》の嫁ぎ先に必勝を迎えた姉の高根は、思わずいった。

「あんた、すごい恐い顔しとるなあ」

高根はテレビのワイド・ショーの報じた楯の会結成一周年のパレードを眺めた時から、

弟の目つきがきつくなったと感じていたという。肉親、しかも母代わりとして必勝を育てた者ならではの胸騒ぎであろう。

一方必勝は、高根にはとても伝えられなかった「死への意志」を、弟分として可愛がっていた上田茂にだけはこの帰省中に洩らしていた。

金沢から帰っていた上田茂を二度も三度も海水浴に誘った必勝は、まず三十万円近い額の入った財布を取り出したことによってかれを驚かせた。

「なにかする時、茂は命を懸けてできるのか」

かつて再三たずねた必勝は、海に通う間にこう言い出した。

「おれがなんかすれば、すぐにわかる」

「もう死ぬしかないと思っとる」

必勝が「命」ということばをしばしば用いることをよく知っている上田茂にとっても、特に後者のようなせりふは聞き捨てならないものであった。

どうしてそのように考えてしまうのか。

かつて三島が『潮騒』に描いた伊勢の海が闇に溶けこむまで激論を交わした上田茂は、興奮を引きずったまま帰宅して姉の牧子に告げた。

「マカヤンが、三島由紀夫に会って自分の考え方が理論化できた。だから三島をひとりで死なせるわけにはいかん、などといっとる」

牧子はすでに社会人になっていたから、弟の話に深くつきあっている時間はなかったようだ。しかし必勝は、明日は東京へもどるという日の夕方になってから上田家を訪れた。

夕食の用意をしていた牧子が玄関にゆくと、治の長男でまだ小学生の裕司をつれていた必勝は、あ、いたのか、という表情を浮かべた。牧子が以前と変わりなく一緒に御飯を食べてゆくようすすめると、すでに帰宅していた父の利夫も、

「おう、あがってゆけ」

と声を掛けた。

このような場合、必勝はうなずいて上田家の団欒の輪に加わるのがならいである。だが、この時だけは違っていた。

「いや、もう食べてきたからいい」

と答えた必勝は、かたわらの裕司を見返ってつづけた。

「なあ、裕司。食べてきたんだよなあ」

「じゃ、つぎに帰ってきた時にね」

牧子がいっても、必勝はことばを濁して「うん」とは決していわなかった。

「あの時マサカッチャンは、あがりこんでしまったらなにかポロリとしゃべってしまうか

も知れないと考えて、すぐ帰るために裕司君をつれてきたのでしょう。マサカッチャンはことばと行動が一致するタイプだけに、つぎに帰省した時にまたくるとはとてもいえなかったのだろう、とあとになってから思いました」

必勝は、初恋の人にさりげなく別れを告げに行ったのだ。

また田中健一によれば、必勝はこの夏の間にも福井の田中家を訪れたという。その時も田中の父が同席したので、必勝は三島との謀議については語ることなく田中家を辞去した。のちに父との会話から、田中健一は奇妙に感じることになる。父は森田とは初めて会ったはずなのに、どうして森田のことをよく知っているのか、と。

八

こうして小林荘に帰ってきた森田必勝は、九月一日夜、小賀正義を誘ってウィスキー・ボトルを入れてあるスナック「パークサイド」へ行った。田中健一の代わりに、古賀浩靖を同志とするためである。あらわれた古賀が参加を承諾したので、ここにメンバー五人が最終的に確定した。

古賀は、同月九日には三島由紀夫と銀座四丁目のレストランで会見した。この時、三島は、

「ここまできたら地獄の三丁目だよ」

といって行動計画をあきらかにした。

「市谷で楯の会会員の訓練中、自分が自動車で日本刀を搬入し、五人で連隊長にその日本刀で居合を見せるからといって連隊長室に赴き、連隊長を二時間人質として自衛隊を集合させ、われわれの訴えを聞かせる、自衛隊員中に行動を共にするものがでることは不可能だろう、いずれにしても、自分は死ななければならない、決行日は、十一月二十五日である」（『裁判記録』冒陳）

すでに三島は、自衛隊によるクーデターも、そのために楯の会を全軍出動させることも断念していたのであった。

七月以降テロルの否定、クーデター賛美に傾いていた必勝も、四日市へ夏の帰省をするまでには三島とおなじ結論に達していたに違いない。だからこそ「死なければならない」三島を「ひとりで死なせるわけにはいかん」と、上田茂に洩らしたのであろう。

「死」先にありき。自衛隊へのクーデターの呼びかけは、形だけのものでよい。われわれは経済的繁栄にうつつを抜かし、魂を腐敗させてしまった戦後日本に覚醒をうながすべく「諫死《かんし》」するのだ、というあらたな〈死の形而上学〉が、三島と必勝のうちにはすでにして共生しおおせていた。

「諫死」——このことばに kanshi と読みを示した三島が、「いさめる」という意味だ、とノート片に書いてストークスにわたしたのは、おそらくこの年の八月前半のことである（ストークスは下田東急ホテル滞在中の三島から八月五日に来いといわれ、日付不明で出発、十五日に帰京した。このノート片は、『三島由紀夫　生と死』のグラビアページに収録）。

しかし、いざ三島とともに諫死することによって二十五年の生涯を閉じると決めてからも、必勝がただちに悟達の境地に歩み入ったわけではない。迫りくるその一瞬をみずからに納得させねばならなかったし、最後の行動計画を祖国防衛隊のメンバーに気取られぬようにふるまうのも大変だっただろう。

神経を磨り減らす日々のなかで、必勝は田中に対して次第に当てつけがましいことをいうようになった。

「福井は雪が降る。雪の降るようなとこは、ちょっと鬱陶しいわなあ」

その一方で必勝は日学同の山本之聞に会い、回想的な口調で雑談を交わしてもいた。

「おれもあのあと日学同ではいろいろいわれたようだけど、あれだよな、お前とは特になにもなかったよなあ」

必勝が時局や思想とは関係のない話ばかりするので、一体なんのためにおれを呼び出したのか、と山本は思った。

おなじ日学同の宮崎正弘と斉藤英俊も、九月から十月にかけて必勝と顔をあわせた。九月初旬の暑い日に宮崎が鉢合わせした場所は、市ヶ谷の私学会館ロビー。日学同の例会と楯の会の勉強会とがおなじ日に私学会館でおこなわれたことに発する再会であったが、

「おい、森田、なにしてるんだ」

と宮崎は率直に話しかけた。しかし、宮崎にむけられた必勝の顔は真っ青であった。

「顔色悪いなあ」

ということばが思わず口をついて出たところまでで、宮崎の記憶は途絶える。

つづけて斉藤が必勝を見かけたのは、「事件の約一カ月前」というから十月下旬、早稲田の路上でのことであった。

「森田は、もう私の知っている天真爛漫な顔つきではありませんでした。ちょうど貝殻島へわたろうとした時のような、思いつめた表情でした」

このころになると、野田隆史も鶴見友昭も必勝の顔つきが変わってきたことに気づいていた。その変化を野田は、

「ナーバスで淋しそうになった」

と表現する。

さらに京都から月に二、三度上京してくる倉田賢司と必勝との間には、ちょっとしたハ

プニングが起こった。

少数で行動に踏み切るにはどのような作戦がもっとも有効か、という話題になった時、倉田はさも当然とばかりにいったのである。市ヶ谷の陸上自衛隊を占拠し、切腹して死ぬことだ、と。

「ええっ」

必勝は仰天した。かれは、自分たちの謀議が見透かされていると感じたのであろう。

こんな一幕をはさんで疑心暗鬼を募らせた必勝は、鶴見にはくりかえしたずねた。

「お前はものがよくわかっとるから、おれのことを見通しとるんやないか」

鶴見は楯の会あるいは祖国防衛隊が出撃する場合、必勝が当然自分をつれていってくれるものと信じていたので、質問の意味がよくわからなかった。

九月のことか十月のことだったかは特定しきれないが、このころ必勝は小林荘においても口走るようになっていた。

「ここまできて三島がなにもやらなかったら、おれが三島を殺《や》る」

おれが三島を殺る。このことばは、野田も鶴見も聞いている。これもいわゆる三島事件を「森田事件」と考えたくなる、重要な根拠のひとつである。

九月九日に決行日を十一月二十五日と定めてからの、三島、必勝ら五人の動きは以下のごとし。

9・15　千葉県野田市へ忍者大会を見物にゆき、帰途、両国のももんじ屋で会食するなどして同志的結束を固める。

9・25　新宿三丁目、伊勢丹会館の「後楽園サウナ」に集合し、十一月二十五日の例会に招集するのは三島が選んだ楯の会隊員のみとする。

10・2　銀座二丁目の「中華第一楼」に参集、作戦の細部を煮つめる。

10・9　故郷の山河の見納めに北海道旅行中の古賀を除き、四人が同所に集合してふたたび打ちあわせ。

10・19　麴町《こうじまち》一丁目の東條會館において、五人とも楯の会の制服制帽を着用して記念撮影。

11・3　六本木四丁目の「サウナミステー」休憩室に四人を集め、三島は全員自決案をひるがえして死ぬのは自分と必勝のみとする。

その時、三島はいった。

「今まで死ぬ覚悟でやってきてくれた、その気持は嬉しく思う、しかし、生きて連隊長を護衛し、連隊長を自決させないように連れて行く任務も誰かがやらなければならない、その任務を古賀、小賀、小川の三人に頼む。森田は介しゃくをさっぱりとやってくれ、あまり苦しめるな」(『裁判記録』)

死ぬことはやさしく、生きることはむずかしい。これに堪えなければならない。

そうも三島は語り、必勝も三人を諭すようにいった。

「生きても死んでも一緒。またどこかで会えるんだ」(同、古賀調書)

この時点までくると、ここまできて三島がなにもやらなかったら、おれが三島を殺る、と口走ったころの必勝の殺気は感じられなくなっている。「生」と「死」は循環する、だから生者と死者とは「またどこかで会える」。

必勝の口から出たこのような輪廻転生《りんねてんしょう》思想は、三島がなおも第四巻『天人五衰《てんにんごすい》』を書きついでいる『豊饒の海』に詳述されたところでもある。必勝も輪廻転生について三島から学び、これ以前に「死」への恐れを克服しおおせていたに違いない。

11・4〜6 五人は楯の会隊員四十人とともに富士学校へ最後の体験入隊をおこない、御殿場《ごてんば》市の旅館「御殿場別館」にてひそかに隊員たちとの別れを惜しむ。

11・10 森田必勝以下四人、市ヶ谷駐屯地へゆき、三十二連隊舎前に駐車場があることを確認、三島由紀夫に報告。
11・12　三島、必勝、小川正洋、小賀正義は池袋の東武デパートで開催された「三島由紀夫展」を見学。同夜、必勝は「パークサイド」で小川に自分の介錯《かいしゃく》を依頼し、小川は承諾する。

このころ野田隆史は相模原の下宿から小林荘に泊まりに来、別れ際にいつものように必勝を小便横丁の焼鳥屋へ誘った。しかしいつもはつきあいのいい必勝なのに、この時だけはかぶりを振っていうばかりであった。

「おい、勘弁してくれ」

必勝は祖国防衛隊から小川しか最後の同志を選ばなかったことを、心苦しく思いつづけていたのであろう。

11・14　五人は「サウナミステー」に集合、三島が事件当日NHKの伊達宗克《だてむねかつ》と『サンデー毎日』の徳岡孝夫に記念写真と檄文をわたすというので、檄文原案を検討。

11・19　「後楽園サウナ」休憩室で当日の時間配分を打ちあわせ。その後、必勝は古賀浩靖と新宿のスナックへいき、介錯をしてくれるのが最大の友情だよ、と語る。

11・21　必勝が三島の著書を届けるとの名目で市ヶ谷駐屯地を訪ねたところ、三十二連隊長は当日不在と判明。「中華第一楼」で再協議した結果、東部方面総監益田兼利《ましたかねとし》を拘束することに予定を変更し、三島はその場から電話して二十五日午前十一時に益田と会う約束をとりつける。

11・22　前日から必勝ら四人は新宿ステーションビルにて益田総監拘束用のロープ、バリケード作製用の針金、ペンチ、要求書を書く垂れ幕用のキャラコの布地、太筆二本、墨汁、腹巻用の晒《さらし》、気付薬用のブランデーなどを手分けして購入。

同夜、コロナで小賀と横浜へドライブしながら、必勝は最後の依頼をした。

「先生の介錯ができなかった時は、頼む」

小賀は、これを承諾した。

二十三、二十四の両日は、五人そろっての予行演習に費された。場所は丸の内一丁目のパレスホテル五百十九号室。

「その手順は、総監室において、まず三島が総監に対し、ほかの四名を表彰することになったので、総監に一目お目にかけたいから連れてきたといって、三島が携行した日本刀を見せたあと、これをふくため、『小賀ハンカチ』と声をかけたら、これを合図に、被告人小賀が総監の後方を通り、その際、背後から総監を拘束し、同時に、被告人古賀、同小川がこれを手助けし、この間、三島と森田において総監室各出入口のバリケードを構築し、総監室内に入ってくる自衛官に対しては、手段をえらばず全員共同して退出させるとともに、所携の要求書を自衛官に手交し、多数の自衛官を本館前に集合させたのち、バルコニーにおいて三島が演説し、そのあと、ほか四名が名乗りを上げ、演説終了後三島、森田が割腹し、残る被告人らが介しゃくを行なうというものであった」(『裁判記録』冒陳)

キャラコの布地に三島が要求書を墨書するに際しては、その下敷きとして同月二十二・二十三日付『読売』、『産経』、『東京』各紙と二十四日付『夕刊フジ』(二十三日発売)が用いられた。いまは古新聞と化したこれらの各紙は、うっすらと墨の跡をとどめたまま森田治のもとに保存されている。

その要求書とは、つぎのようなものである。

要求書

一、楯の会隊長三島由紀夫、同学生長森田必勝、有志学生小川正洋、小賀正義、古賀浩靖の五名は、本十一月二十五日十一時十分、東部方面総監を拘束し、総監室を占拠した。

二、要求項目は左の通りである。
(一)十一時三十分までに全市ヶ谷駐屯地の自衛官を本館前に集合せしめること。
(二)左記次第の演説を静聴すること。
(イ)三島の演説（檄の撒布）
(ロ)参加学生の名乗り
(ハ)楯の会残余会員に対する三島の訓示
(三)楯の会残余会員（本事件とは無関係）を急遽市ヶ谷会館より召集、参列せしむること。
(四)十一時十分より十三時十分にいたる二時間の間、一切の攻撃妨害を行はざること。
一切の攻撃妨害が行はれざる限り、当方よりは一切攻撃せず。
(五)右条件が完全に遵守《じゅんしゅ》せられて二時間を経過したるときは、総監の身柄は安全に引渡す。その形式は、二名以上の護衛を当方より附し、拘束状態のまま（自決防止のため）、本館正面玄関に於て引渡す。
(六)右条件が守られず、あるひは守られざる惧《おそ》れあるときは、三島は直《ただ》ちに総監を殺害して自決する。
三、右要求項目中「一切の攻撃妨害」とは
(一)自衛隊および警察による一切の物理的心理的攻撃。

（ガス弾、放水、レンジャーのロープ作業等、逮捕のための予備的攻撃の一切、及び、騒音、衝撃光、ラウドスピーカーによる演説妨害、説得等、一切の心理的攻撃を含む）

㈡要求項目が適切に守られず、引延し、あるひは短縮を策すること。

右二点を確認あるひはその兆候を確認したる場合は、直ちに要求項目㈥の行動に移る。

四、右一、二、三、の一切につき

㈠部分的改変に応ぜず。

㈡理由の質問に応ぜず。

㈢要求項目外事項の質問に応ぜず。

㈣会見、対話その他要求事項外の申入れにも一切応ぜず。

これら改変要求・質問・事項外要求に応ぜざることを以て引延しその他を策したる場合、又は、改変要求・質問・事項外要求に応ずることを逆条件として提示し来る場合は直ちに要求項目㈥の行動に移る。

（『裁判記録』）

三島が「七生報国」と書いた白鉢巻を各人に配布したのも、それぞれが辞世を短冊に書きつけたのもパレスホテル五百十九号室でのこと。三島の辞世二首と必勝のそれは第一章の冒頭に紹介したが、必勝の白鳥の歌はもう一度見ておきたい。

今日にかけてかねて誓ひし我が胸の思ひを知るは野分《のわき》のみかは

「今日にかけて」を「貝殻島上陸作戦」の着想を得て以来と考えるなら、実に必勝は四十三年七月から二年四カ月間も、死んでで「祖国の歴史の先覚的役割」を担うのだ、と思いつめていたことになる。

また不思議なことに、以上の作業をおえてから二十四日夜まで、必勝の足跡はふっつりと消えてゆく。

これについて、森田治はいった。

「のちに警視庁からもどってきた遺品のなかに、二十四日付三重県版の『中日新聞』がありました。二十四日までにひそかに四日市へ帰ってきて父母の墓参をしたという人も、床屋へ散髪にきたという人もありますが、よくわかりません」

必勝は、森田家にも上田家にも顔を出してはいない。しかし、当の『中日新聞』が治の手元に現存する必勝の遺品のうちにはふくまれていることから、かれが里帰りしたことは確実である。

もしも必勝が森田家の墓参りをしたのなら、それは亡き父母――和吉とたまに永訣を告げるためではなかった。もうすぐ会える、と報じるための展墓《てんぼ》であったに違いない。

この最後の帰郷については、必勝と同居していた田中健一も断言した。

「二十三日かそこらに森田はかならず国へ帰っておるはずです」

とすれば東京―四日市間をひそかにトンボ返りしたのだろう、二十四日午後四時、もう必勝の姿は新橋にあった。三島が新橋二丁目の料亭「末げん」に四人を招き、別宴を張ったためである。挨拶と見送りに出たその女将《おかみ》丸武子《まる》は、二十九年後に回想することになる。

「楯の会の学生の皆さんは、背筋をすっと伸ばして正座なさっていて、お説教の後のような雰囲気でした。（略）『有難うございました。又お越し下さいませ』とご挨拶した時に先生がご冗談を言いながら『ハッ』と振り返ったその〝目〟は一生忘れることはないと思います」（「最後の食事」＝『諸君！』平成十一年十二月号）

そのあと小林荘に帰った必勝は、田中健一を「三枝」へ誘い、夜十一時ごろまで酒を飲んだ。その間に三島からの赤インクのメモとA5サイズの角封筒二通を取り出し、こう頼んだ。

「明日の市ヶ谷会館の例会には、先生もおれも出られない。ふたりがきたら、これをわたしてくれ」

封筒に宛名書きされていた「ふたり」とは、NHK社会部の伊達宗克と『サンデー毎日』

の徳岡孝夫であった。かれらふたりは、日々の取材活動を通して三島とは旧知の仲になっている。

昨日おらんかったけどどこへ行っとんたんや、とは訊かないことが共同生活のルールである。田中は黙って封筒を受け取り、そろって小林荘八号室で布団に入った。

あけて昭和四十五年十一月二十五日がきた。

午前七時、古賀が廊下のピンク電話を鳴らして必勝を起こしたが、まだ田中は眠りのなかにいた。その田中が目醒めた時、必勝はもう起きていた。きっと眠れなかったのだ、と田中はいまも思っている。

いつも制服のズボンの下はパンツ姿なのに、必勝はこの日に限って白いふんどしを締めはじめた。その理由も、田中は訊かない。必勝の背後にまわり、ふんどしの結び目をしっかりと締め直してやった。

小賀が運転し、小川と古賀の同乗するコロナが新宿西口公園付近にあらわれたのは午前九時過ぎのことか。制服制帽、腰に特殊警棒を装着した必勝がおなじ姿の三人に合流すると、一行は途中で洗車をして十時十三分ごろ三島邸に着いた。

「記憶もなければ何もないところへ、自分は来てしまつたと本多は思つた。庭は夏の日ざかりの日を浴びてしんとしてゐる。……」

『天人五衰』結尾に、

「『豊饒の海』完。

昭和四十五年十一月二十五日」

とすでに書きおえていた三島は、伊達と徳岡には十一時に市ヶ谷会館にきてくれるように連絡ずみでもあった。

　その三島は玄関で小賀、小川、古賀の三人に封筒入りの命令書と現金三万円ずつを手わたした。同書は生き残って皇国日本の再建に邁進せよと命じたもので、現金の方は弁護士費用に充てよという意味だった、と解釈されている。

　三人がこれを諒とすると、やはり制服制帽の三島は軍刀拵《ごしら》えの関孫六《せきのまごろく》ひとふりとアタッシェ・ケースとを提げてコロナに身を入れた。このケースには短刀二本、檄文のコピー多数、要求書とそのコピーほかが収められていた。

　途中、車が高速道路に入って神宮外苑《じんぐうがいえん》にさしかかった時、三島が口がひらいた。

「これがヤクザ映画なら、ここで義理と人情の〝唐獅子牡丹〟といった音楽がかかるのだが、おれたちは意外に明るいなあ」（古賀調書＝『裁判記録』）

　まず三島が歌い出し、四人も合唱をはじめたというから、歌好きだった必勝が最後に歌ったのは「唐獅子牡丹」だったことになる。

十時五十八分ころ、車は市ヶ谷駐屯地正門を通って東部方面総監部正面玄関に到着。一行は出迎えの三等陸佐沢本泰治に案内され、二階の総監室に姿を消した。

第四章　市ケ谷台にて

市ヶ谷北寄りの高地を市ヶ谷台というのは、標高約三十メートルのこの一帯に対し、周辺が比高にして十五メートルほど低くなっているためである。

平成十一年（一九九九）、陸上自衛隊市ヶ谷駐屯地広報室の作製したパンフレットのひとつに、「市ヶ谷台変遷小史」と題するきわめて簡潔な文章が掲載されている。

「明暦《めいれき》2年（1656年）、徳川御三家の一つである尾張徳川家第2代光友《みつとも》公が、第4代将軍家綱《いえつな》より5万坪を拝領し、市ヶ谷台に上屋敷を築いた。

明治維新後、尾張徳川家から返上され、明治7年（1874年）、京都兵学寮が市ヶ谷台に移転された。

昭和9年（1934年）3月、陸軍士官学校として1号館が建設され、昭和12年（1937年）6月、士官学校本科が座間《ざま》（神奈川県）へ、また、昭和16年（1941年）に予科士官学校が朝霞《あさか》（埼玉県）へそれぞれ移り、代わって大本営陸軍部、陸軍省、参謀本部が市ヶ谷台に置かれた。

昭和20年（1945年）8月、米軍に接収され、翌年5月極東国際軍事裁判（東京裁判）の法廷として使用された。その後は米極東軍司令部等として使用され、昭和34年（1959

年）に返還された後、昭和35年（1960年）からは陸上自衛隊東部方面総監部及び陸上・海上・航空自衛隊幹部学校等として使用されてきた」

森田必勝《もりたまさかつ》とのかかわりでいうならば、かれは昭和四十二年八月一日に映画「日本のいちばん長い日」を見て「国体護持」を初めて日記に書いたのだった。「軍の統制が取れずに、責任をとって自決した阿南《あなみ》陸相」とも。

昭和二十年八月十五日夜、陸軍大臣阿南惟幾《これちか》が切腹したのは官邸でのことであったが、市ヶ谷台一号館二階の旧陸軍大臣室こそ、四十五年当時の陸上自衛隊東部方面総監室にほかならない。

今日、この部屋は市ヶ谷記念館として復元されているので、市ヶ谷駐屯地広報室に申しこみさえすればだれでも見学することができる。前庭に面した車寄せから入り、階段を二階にあがれば総監室は玄関式台部分の真上に位置する。

廊下から見れば、その正面入口の左側が幕僚長室、右側が幕僚副長室（この二室は復元されていない）。一間幅の正面入口のドアは観音開きに内側にひらくようになっていて、その左右には半間幅、縦長の窓がもうけられ、曇りガラスをはめこまれていた。

部屋の面積は、約四十五平方メートル。フロア全体に赤い絨毯《じゅうたん》が敷きつめられていて、正面ドアの真向かいの壁には、やはり半間幅の縦長の窓が三つある。この窓からは、矩形に張り出した車寄せの屋根がバルコニー風に見わたせる、という特徴がある。

室内左手に据えられた執務机にむかっていた五十七歳の益田兼利《ましたかねとし》総監は、三島、必勝ほか三人が正面ドアから入ってくると、かれらを右手の応接セットへいざなった。益田総監には、部下以外の者と応対する場合はバルコニー側の上座のソファを用いない習慣がある。

三つの窓から射しこむ冬の弱日《よろび》とスチーム暖房機とが部屋の空気を温めているなかで、益田は三島とむかいあって着席。必勝たちにも、ともに腰掛けるようすすめた。

しかし三島は、必勝たちを立たせたまま口上を述べた。

「実は、今日このものたちを連れてきたのは、十一月の体験入隊の際、山で負傷したものを犠牲的に下まで背負って降りてくれたので、今日は市ヶ谷会館の例会で表彰しようと思い、一日総監にお目にかけたいと考えて連れて参りました。今日は例会があるので正装で参りました」(『裁判記録』、以下おなじ)

結果としてこのことばが、三島の口から出た最後のフィクションということになる。

「立派ですね」

益田は必勝たちの着用している楯の会の制服をほめ、必勝たちは応接セットのまわりに小椅子をならべてそれに腰掛けた。

ついで益田は、三島持参の日本刀に話題を転じた。

「先生は、そのような軍刀をさげて（いて）とがめられませんか」

「この軍刀は、関の孫《ママ》六を軍刀づくりに直したものです。鑑定書をごらんになりますか」

と答えて三島が鑑定書を取り出したのは、この書類があれば携行していても大丈夫、という意味である。

そして三島はその刀を抜き、刀身を拭いてから益田に鑑定を乞うふりをして、

「小賀、ハンカチ」

と、かねて定めておいた合図を口にした。

小賀《こが》正義《まさよし》は立ちあがり、益田のうしろにまわりこもうとする。しかしこの時、益田は想定していなかった動きをした。

「ちり紙ではどうかなあ」

とつぶやいて益田は席を立ち、背後の執務机に歩み寄ったのだ。目的物を見失ったかたちになった小賀は、そのまま三島に近づいてハンカチではなく日本手拭いを差し出す。三島がやむなくこの手拭いで刀身の油を拭ううち、益田は席にもどって関孫六を受け取った。

「いい刀ですね、やはり三本杉ですね」

益田がうなずいたのは、関孫六には三本杉と呼ばれる刃文——折れ線グラフ風にいえば、

頂点の三つある山が横に連続する形――が特徴的だからである。

益田がその刀を三島に返したのは、十一時五分ころのことであった。そのかたわらにいた小賀は三島から手拭いを受け取り、元の席へもどると見せてようやく益田の背後へまわりこんだ。

つぎの瞬間、小賀はやにわに益田に飛びかかっていた。腕（おそらく左手）でその首を絞めながら、もう一方の手（おそらく右手）に持っていた手拭いで口をふさぐ。つづいて小川《おがわ》正洋《まさひろ》と古賀浩靖《こがひろやす》が駆け寄り、ロープで益田の両腕を後手に縛った。両膝、両足にもロープがまわされ、手抜いで猿轡《さるぐつわ》を嚙まされたため、益田は完全に椅子に縛着《ばくちゃく》されてしまう。

「さるぐつわは、呼吸が止まるようにはしません」

小賀、小川、古賀のいずれかが断った通り、益田は「少しは口が動く」状態ではあった。その益田に、小賀は短刀を突きつけて監視態勢に入った。

それから約半年後の昭和四十六年五月十日、いわゆる三島裁判第三回公判の検察側証人として出廷した益田は、この時の心境を以下のように述懐することになる。

「何をするのかと思った。レンジャー部隊の訓練か何かで『こんなに強くなりました』と、あとで笑い話にでもするのかと思っていた。『三島さん、冗談はよしなさい』と言ったが、三島さんが刀を抜いたまま私をにらんでいたので、ただごとではないと思った」

その間に必勝は、懸命にバリケードを構築しようとしていた。総監室の正面入口、幕僚長室、幕僚副長室に通じる各ドアの計三カ所を椅子、テーブル、植木鉢などで封鎖してゆく。正面入口以外のふたつのドアも、観音開きに内側にひらく仕組みであった。

この時、三島や必勝たちを総監室へ案内した沢本泰治三佐のいた場所は不明だが、同室とは廊下をはさんで正面左側にある業務室付近にいたことははっきりしている。必勝の立てた物音によってのことか、沢本が総監室の異変を察知。一等陸佐原勇業務室長に報じると、原一佐はすぐに廊下に出、正面入口かたわらの窓にセロハンテープを貼って総監室内部をうかがった。曇りガラスは、こうすると少し透明に近づく。

四十六年五月二十四日にひらかれた、三島裁判第四回公判における検察側証人原勇の証言、——。

「ぼんやりと見えるだけだが、総監が正面のいすに腰をおろし、うしろに楯の会隊員がいて、『マッサージでもうけているのか、それともどこかぐあいが悪いのか』と思った。ところが、総監の動きが不自然なので、これはおかしいと思った。そこで正面のドアからはいろうとしたところ、カギがかかっていてあかない。体当たりをしたがあかず、そのうちに二、三十センチの隙間ができた」

その時、室内から、

「来るな、来るな」

と声が響き、ひらきかけたドアを押しもどす動きがあった、と原一佐はつづけて語っている。室内の状況から推して、「来るな、来るな」と叫び、かつ原一佐の入室を阻もうとしたのは必勝であろう。

来るな、来るな。この叫び声に、まもなく三島とともにあえて「生」を閉じようとしている必勝の、だれにも邪魔をされたくない、という切なる思いを読み取っても筋違いであるまい。

二

室内では、なにかとんでもないことが発生している。

そう感じた原勇一佐は、だれか呼ぼうとして足元に白い紙があるのに気づいた。「コピー用紙を四つ折りにしたもの」で、これもおそらく森田必勝が、ドアを守りつつその下の隙間からすべらせたのであろう。

そこには、キャラコ地に墨書された「要求書」とおなじ文面が書かれていた。原一佐はそれを走り読みしながら業務室とおなじ並びにある第三部作戦室へおもむき、会議中だった陸将補山崎皎《やまざきあきら》、一等陸佐吉松秀信《よしまつひでのぶ》に急を告げた。このふたりは、ともに幕僚副長の役職にある。

時刻は、もうすぐ十一時二十分になろうとするころ。三島由紀夫、森田必勝たちの入室から、まだ十五分足らずしか経っていない。即刻、益田兼利総監救出を決意した幕僚副長ふたりは、二方向からの総監室突入を策した。

左側の幕僚長室へむかったのは、原一佐をはじめ二等陸佐川辺晴夫《かわべはるお》、おなじく中村董正《なかむらのぶまさ》、二等陸曹笠間寿一、おなじく磯辺順蔵の五人。原一佐は、手に木刀をつかんでいた。

右側の幕僚副長室に入ったのは、山崎、吉松両副長と一等陸佐清野不二雄、三等陸佐高橋清、おなじく寺尾克美、一等陸尉水田栄二郎、三等陸曹菊地義文の七人である。

両室から総監室に通じるドアは、体当たりしてもなかなかあかなかった。それでもまず幕僚長室側のドアが、ずるずるとひらいた。体当たりによって、ドアの内側に積みあげられていた椅子やテーブルがずれたのだ。

すかさず総監室に飛びこんだ原一佐以下五人の目には、椅子に縛着された益田総監とその上体に短刀を突きつけている小賀正義の姿が映る。

「出ろ、出ろ、外に出ないと総監を殺すぞ」

ほぼ同時に三島は怒鳴りながら迫り、振りかぶった関孫六を閃《ひら》めかせた。

最初に襲われたのは、四十六歳の川辺二佐。かれは背部、右前腕、右前額部に全治四週間の切創を負った。負傷部位から案ずるに、川辺は上段から振り下ろされた一打に右手を上げたもののその右手ぐるみ額まで掠《かす》られ、思わずからだをまわしたところ背中に第二打を喫したものか。

ついで三島は原一佐を襲ったが、これは原の構えた木刀に払われてしまう。しかし三島の攻めはつづき、笠間二曹三十六歳と中村二佐四十五歳を負傷させた。笠間は右手関節と背部の切創で全治八週間、中村は右肘と左掌背部の切創で全治十二週間——この事件によって発生した負傷者のうちでは、中村がもっとも重傷であった。

なお、この時三島の振った刀は何度か空を切ったようだ。誤って扉に斬りつけてしまった跡が、今日もその扉に刻まれたまま残っている。

乱闘が始まる前には、山崎、吉松両副長ほか五人も幕僚副長室側のドアから総監室内に入りこみつつあった。

「何をするんだ。話し合おうではないか」

吉松副長は、三島にいった。対して三島は、

「邪魔をするな」

と応ずるのみであった。

「出て行かないと総監を殺すぞ」

右のやりとりは上記の裁判における吉松証言によるものだが、三島のことばは吉松副長ではなく、吉松とは三島をはさんで部屋の反対側にいた原一佐にむかって放たれたものだった可能性が高い。だからこそ三島は川辺二佐、原一佐、笠間二曹、中村二佐に斬りつけたわけで、原証言の「外に出ないと総監を殺すぞ」と、吉松証言の「出て行かないと総監を殺すぞ」は、三島の口走ったひとつながりのことばを両者がおのおのこのような表現で記憶にとどめたことを物語る。

ちなみに吉松証言は、こうつづく。

「そのうち乱闘となり、灰皿を投げた者、イスを振回した者がいるが、だれだかわからない。彼（三島氏＝原注）は日本刀を大上段に振り上げていた」

まもなく原一佐たちのグループは、上記三人の負傷者を出したため幕僚長室へ後退せざるを得なくなる。そこで今度は吉松副長ら五人が、三島、必勝たちの阻止すべき対象となった。

「出ないと総監を殺すぞ」

三島が振り返ってふたたび叫んでからの必勝たちの行動は、石井検事の冒頭陳述に詳しい。

「山崎副長らに対し、三島は、日本刀で、森田は、短刀でそれぞれ斬りつけ、被告人小川は、特殊警棒で殴りつけ、被告人古賀は、椅子を投げつける等の暴行を加え、この間、被告人小賀は、手で総監の口を猿ぐつわの上からふさぎながら、全般の監視をしていた。また、三島は、このほか、同室内において、右山崎副長の背部を、右清野一佐の右足を、右高橋二佐の右前腕を、右寺尾二佐の背部および右前腕をそれぞれ日本刀で斬りつけた」

山崎副長五十三歳は、胸部打撲と左背部切創により約二週間の加療が必要となった。清野一佐五十歳は右下肢（前脛部）切創、すなわち臑《すね》を薙《な》ぎ払われたために全治八週間。高橋二佐四十三歳と寺尾二佐四十一歳は、ともに全治四週間の傷を負った。

三島におそらく、殺意はなかった。ただ自衛官たちの入室を断固阻止すべく刀をふるったものと思われるが、それにしても日本刀の切れ味は凄まじい。

以上のような乱闘の結果、山崎、吉松両副長らは強いて益田総監の救出を図ればその命が危ういと考え、総監室から幕僚長室へ退去した。

ただしかれらは、黙って引き下がったのではない。寺尾二佐は三島に背と右腕とを斬られていたにもかかわらず、必勝から短刀をもぎ取ることに成功していた。

この時の必勝の心理は、どのようなものだったのか。ふたたびドアの前にバリケードを築くのに懸命で、しまった、と思う暇さえなかったかも知れない。

ともあれこうして三島と必勝とは、ともに死すべき場所を最終的に確保することに成功したのである。入室した十時五十八分から、まだ約三十分しか経ってはいなかった。

三

益田兼利総監が拘束されたあと、現場の指揮をとるべきは先任の幕僚副長山崎皎であった。しかしかれが負傷したため、以後陸上自衛隊側は同職の吉松秀信一佐を指揮官として対策を立てることになった。

総監室正面ドア横の窓のガラスを破った吉松副長が、その窓越しに三島由紀夫を説得しようとこころみたのは十一時三十分ころのこと。

すると三島はなおも抜き身を手にしたまま窓辺近くに歩み寄り、破れ目から紙片を投じて吉松副長に告げた。

「要求書があるから、これをのめば総監の命は助けてやる」(冒陳)

この要求書も、森田必勝がドアの下の隙間からすべらせたものとおなじく「コピー用紙を四つ折りにしたもの」だったであろう。

廊下むかい側の第三部作戦室を指揮所とした吉松副長は、原勇一佐、佐川久保太郎一佐とともに要求内容を検討。

「総監の監禁を解き、その命を救うためには、要求どおり自衛官を前庭に集めて三島の演

説を聞くほかはない」(同)

と判断し、要求を容れるから総監に乱暴するな、と三島に申し入れた。

吉松証言によれば、右の判断はつぎの四段階の論理から導き出されたものであった。

「①いままでの経緯から話合いはできなくなった②総監が危い③救出行動をとると犠牲者が出る④目的はわからないが、演説をさせている間に方針を決定しよう」

だが、三島は吉松の役職を知らない。

「君は何者だ。どんな権限があるのか」

と窓越しにたずね、

「防衛副長で現場の最高責任者である」

と吉松副長が答えたところ、三島は「ややほっとした表情」になった。

ふたりのやりとりを聞いていた森田必勝たちも、おなじ思いだったことだろう。腕時計を見てから、三島はいった。

「十二時までに(自衛官たちを)集めろ。十三時三十分まで一切の攻撃、妨害行動をするな。もし要求を容れなければ総監を殺害して自決する」

これは十一時三十三、四分ごろのやりとりだった、と吉松はいう。

三島に「自決」の意志のあることは、すでに内容を紹介済みの要求書にも明記されていた。それが初めて口頭でも伝達されたわけだが、まだ陸自側はただの脅し文句としか捉えていなかったようだ。

それも無理はあるまい。要求書も三島のことばも、「自決」は要求を容れられなかった場合を前提としていたのだから。

要求を容れられたところで、三島と必勝はともに切腹する。この時点でそれを承知していたのは、ふたりのほかには小賀正義、小川正洋、古賀浩靖の三人のみである。

吉松副長は、功刀《くぬぎ》松男《まつお》一佐に市ヶ谷駐屯地にいる自衛官全員を一号館車寄せの前庭に集合させ、三島の演説を静聴させるよう指示。これを受けて功刀一佐が二佐の柳原政雄業務隊総務課長に全自衛官集合の放送をおこなうよう通達したため、柳原二佐は十一時四十分ころマイクの前に立った。

その結果、自衛官約八百人がぞろぞろと前庭に集まってきた。

その後十五分間の、三島と必勝の動きは以下のようなものであった。

「また、三島は、右要求の際市ヶ谷会館にいる楯の会の会員をも集合させるよう要求し、吉松副長は、これを容れ、集合措置を命じたが、右会員らは集合する理由がわからず、ついに集合しなかった」(冒陳)

ここには事実誤認があるが、市ヶ谷会館の模様は後述にゆだねてさらに三島と必勝の行動を追う。

「自衛隊《（官）》を集めて演説したい、これから私のいうことを聞いて二時間我慢すれば殺さない」（同）

三島は、吉松副長に伝えたのと同様のことを益田総監に告げた。つづいて、必勝の出番がきた。かれは益田総監に対し、要求書の書面を読み聞かせた。

益田総監はこの時、

「三島らのいうとおり自衛官を集合させるのはやむを得ない」（同）

と、吉松副長の判断を追認している。そこから思いを致すなら、要求書を読みあげる必勝の口調は、緊張と興奮のあまり上ずったり掠れたりして明晰さを欠くものとなってはいなかった、といえようか。

その必勝が最後に人前に姿を見せたのは、十一時五十五分ころのことであった。右から左へ「七生報国」、「生」と「報」の字の間に日の丸を描いた白鉢巻を締めて白手袋を着用した必勝は、小川らとともに総監室の窓からバルコニーにあらわれ、要求書を墨書したキャラコ地を垂れ幕のように垂らしはじめた。

バルコニー側の三つの窓の底辺は、フロアから約五十センチの高さ。しかも窓枠は厚い壁面の外壁側にはめこまれているため、底辺内側にはバーのカウンターひとり分程度の平面がある。だからここに上がりさえすれば、簡単にバルコニーに出られるのである。

要求書を垂らしおえると、必勝たちはすでに一千人になんなんとしている眼下の自衛官たちに対し、用意してきた「檄」多数を撒いた。

「楯の会隊長　三島由紀夫」名義のこの「檄」は、四百字詰め原稿用紙にして七枚弱。その内容は、要約するとつぎのようになる。

四

「かへりみれば、私は四年、学生は三年、隊内で準自衛官としての待遇を受け、一片の打算もない教育を受け、又われわれも心から自衛隊を愛し、もはや隊の柵外の日本にはない『真の日本』をここに夢み、ここでこそ終戦後つひに知らなかつた男の涙を知つた」

と、三島由紀夫は最初の段落に書いている。これより二年八カ月前の昭和四十三年三月三十日、陸上自衛隊富士学校への体験入隊をおえた三島と森田必勝とが、そろって「男の涙」について語ったことはすでに見た。

「しかもなほ、敢《あえ》てこの挙に出たのは何故であるか」

「自衛隊を愛するが故である」

と自問自答風に論をすすめた三島は、ついで自身の考える戦後日本のイメージを提示する。その戦後日本とは、「経済的繁栄にうつつを抜かし、国の大本を忘れ、国民精神を失ひ（略）、自ら魂の空白状態へ落ちこんでゆく」国家であった。

　では「真の日本、真の日本人、真の武士の魂」の残されている可能性のあるところはどこか。自衛隊である。ところが、

「法理論的には、自衛隊は違憲であることは明白であり（略）、軍の名を用ひない軍として（略）もつとも名誉を重んずべき軍が、もつとも悪質の欺瞞の下に放置されて来たのである」

「国軍たりえず、建軍の本義を与へられず」「忠誠の対象も明確にされなかつた」自衛隊。その「自衛隊が目ざめる時こそ、日本が目ざめる時」なのだから、まずめざすべきは「憲法改正」でなければならない。

　かなり強引に自論を展開した三島は、ここで昨四十四年一〇・二一の国際反戦デーに言及する。その日の三島は、一〇・二一が流血放火から新宿市街戦にまで拡大した四十三年以上の騒ぎとなれば、それを梃子に自衛隊が治安出動し、戒厳令から憲法改正へと事態が進展する、と過剰な期待を抱いて「早稲田ハウス」付近まで偵察に出かけたのだった。

「銘記せよ！　実はこの昭和四十五《ママ》年十月二十一日といふ日は、自衛隊にとつては悲劇の日だつた。（略）論理的に正に、この日を堺にして、それまで憲法の私生児であつた自衛隊

は、『護憲の軍隊』として認知されたのである。これ以上のパラドックスがあらうか」

「しかし自衛隊のどこからも、『自らを否定する憲法を守れ』といふ屈辱的な命令に対する、男子の声はきこえては来なかつた」

として「悲しみ」「怒り」と「憤激」とを語った三島は、いよいよ煽動の仕上げにかかる。

「より深い自己欺瞞と自己冒瀆の道を歩まうとする自衛隊は魂が腐つたのか。武士の魂はどこへ行つたのだ」

いうまでもなく、これは、自衛隊がみずから蹶起して憲法を改正せよ、というクーデターの呼びかけにほかならない。

そしてこの「檄」は、左のような段落によって閉じられる。

「われわれは四年待つた。最後の一年は熱烈に待つた。もう待てぬ。自ら冒瀆する者を待つわけには行かぬ。しかしあと三十分、最後の三十分待たう。共に起つて義のために共に死ぬのだ」

「日本を日本の真姿に戻して、そこで死ぬのだ。生命尊重のみで、魂は死んでもよいのか。生命以上の価値なくして何の軍隊だ。今こそわれわれは生命尊重以上の価値の所在を諸君の目に見せてやる。それは自由でも民主主義でもない。日本だ。われわれの愛する歴史と伝統の国、日本だ。これを骨抜きにしてしまつた憲法に体をぶつけて死ぬ奴はゐないのか。

もしゐれば、今からでも共に起《た》ち、共に死なう。われわれは至純の魂を持つ諸君が、一個の男子、真の武士として蘇へることを熱望するあまり、この挙に出たのである」

三島の特異な死生観を論ずる時にしばしば引かれるくだりだが、私は必勝の〈死の形而《けいじ》上学《じょうがく》〉とこれとのかかわりに言及した先行論文を知らないので、もう一度いう。「死」。憲法改正。クーデター。必勝がこれらの行動を思い描きはじめたのは、北恵庭《きたえにわ》駐屯地へ初の体験入隊をした四十二年の夏以降。「貝殻島《かいがらじま》上陸作戦」は、四十三年夏のこと。「一〇・二一も不発に終わり、彼ら（過激派学生）の行動に対する治安活動もなくなった。楯の会はどうすべきか」

四十四年十月三十日に三島から質問された同会幹部のうち、

「楯の会と自衛隊で国会を包囲し、憲法改正を発議させたらどうだろうか」

と答えたのも、必勝その人なのであった。

ひるがえって三島は、初の体験入隊から帰宅した直後の四十二年五月二十八日、徳岡孝夫から自衛隊は合憲か違憲かと意見を訊かれ、こう答えた。

「少なくとも私は、いまの段階では憲法改正は必要ではないという考えに傾いています」

（「三島〝帰郷兵〟に26の質問」＝『サンデー毎日』同年六月十一日号）

この時まだ三島は、自衛隊合憲論者だったのである。その三島が四十四年一〇・二一の自衛隊の治安出動と憲法改正に期待しはじめたきっかけは、四十三年一〇・二一の新宿騒乱までしかさかのぼれない。

してみると「檄」にいう「われわれは四年待つた」はより正確を期するのであれば以下のように表現されるべきだったのではあるまいか。「必勝は四年、三島は二年待つた」と。

いずれにせよ必勝は、バルコニーから「檄」を撒きながらなにがしかの感慨を禁じ得なかった、と私は思う。

——とうとう、ここまでたどりついたか。

心理描写をしたがる小説家の悪い癖をあえて出せば、かれはこのように感じていたのではなかったか。

五

森田必勝たちがビラ撒きに費した時間は、わずか五分ほどであった。

すでに自衛隊のＭＰ——警務隊のジープも眼下に到着、ジュラルミンの楯を持ったヘルメット姿の機動隊員、社旗をはためかせた新聞各社の自動車も集まってきた午後零時、正午を告げるサイレンが上空に鳴り響いた。そのサイレンを聞きながら三島由紀夫はバルコニーに出、端近《はぢか》に立って演説をはじめた。

その間、「七生報国」の鉢巻姿の必勝は、三島の右背後に仁王立ちして正面を凝視していた。いま改めて毎日新聞社のカメラの捉えたその表情を見てみると、必勝は快晴の空の眩《まばゆ》さに両眼を細め、眉根を寄せ、唇は「へ」の字に結んで凄まじい形相に変わっている。必勝の個人的アルバムを何度見返しても、このような目つきをした姿は一枚もない。

「お姉さんは、どこの生まれ？　ぼくは早稲田大学の学生で、名前は森田必勝といいます」

デパートのエレベーター・ガールに人懐こく話しかけた青年の面影は、もはやふっくらとした顔の輪郭にしか残されてはいなかった。

一方、三島の演説は、自衛官たちの放つ野次と上空に飛来した取材用のヘリコプターのプロペラ音により、はなはだ聞き取りにくいものになっていた。

しかし、徳岡孝夫は車寄せの左手前に場所を取り、終始演説内容をメモしつづけていた。

この日十時五分過ぎ、徳岡は竹橋の毎日新聞社内にある『サンデー毎日』編集部で三島からの電話を受け、その希望に沿って市ヶ谷会館を訪問。十一時五分、楯の会の制服制帽姿の田中健一から例の封筒をわたされていた。

「前略／いきなり要用のみ申上げます」

と始まる三島の手紙は、一種の報道依頼であった。「事柄が自衛隊内部で起る」こと、「事件の経過は予定では二時間」であること、一切を中止するとしたら「十一時四十分頃まで」

であることなどが打ち明けられ、「檄」と写真七葉も同封されていた。三島、必勝ら五人の集合写真一葉、各人個別の制服姿五葉、そして白い夏の制服姿の必勝のスナップ写真一葉。

　これによって市ヶ谷台でなにか異様な事態が進行しつつあるのを悟った徳岡は、やはり田中から封筒を受け取ったNHKの伊達宗克《だてむねかつ》とともに取材に駆けつけてきたのである。徳岡の回想記『五衰《ごすい》の人　三島由紀夫私記』から、三島演説の取材メモを引用する。

「（一行略）
・われわれは自衛隊に何を待ったか　自衛隊が国の大本《おおもと》を正すことだ
・日本の根本のゆがみに気がつかない　日本のゆがみを――静聴せい
・ヤジ――このヤロー　チンピラ　英雄気取りしやがって（八行略）
・男一匹がいのちを投げ出して諸君に訴えてるんだぞ
・自衛隊が起ち上がらなければ憲法改正はない（五行略）
・ヤジ――下へおりてこい
・ヤジ――なぜ　われわれの同志を傷つけたのだ！
・抵抗したからだ
・オレについてくるヤツは一人もいないのか
・モーレツなヤジ

・よーし　諸君は憲法改正のために立ちあがらないと見透しがついた
・天皇へイカ万歳」
最後の一行を補足すると、

「『ここで、オレは天皇陛下バンザイを叫ぶんだ』ほとんど聞きとれぬような声でつぶやき、三島の姿が消えた。その直後、『天皇陛下バンザイ』という声だけが三度響いた」と、『朝日新聞』四十五年十一月二十五日付夕刊にある。最後の万歳三唱には、必勝も唱和していたであろう。

三島の演説は、時間にして約十分間。三島と必勝とがバルコニーから総監室へもどったのは、午後零時十分ころのことであった。

六

その後の総監室内の状況は、益田兼利と古賀浩靖によって語り残されている（『裁判記録』）。

「二十分ぐらい話したんだな、あれでは聞こえなかったな」

と独白して三島が急いで部屋にもどったのは、機動隊が一階へ突入した気配を察したためか。

「三島氏は（略）服のボタンをはずして脱ぎながら、私の前を通って『しかたがなかったんだ』という意味のことを、だれに話しかけるふうでもなく、つぶやくように言った記憶がある」（益田証言）

古賀調書では、三島が囚われの益田総監に、

「恨みはありません。自衛隊を天皇にお返しするためです」

といったことになっているのを考えあわせると、自衛隊を天皇にお返しするためには仕方がなかったのです、と三島はいいたかったのであろう。

その三島は益田から約三メートル離れた赤絨毯の上に、バルコニーにむかって正座した。

「その左後方に一人立った」（益田証言）

とあるこの「一人」こそ、森田必勝にほかならない。三島は小賀正義が益田総監に突きつけていた短刀を必勝の手から受け取り、代わりに必勝は三島から抜き身の関孫六をわたされていた。

三島のつかんだ短刀は、厳密に言えば鎧通し。いにしえの武者が敵を組み敷いた時、その首をかき切るために重ね厚く作られた匕首拵《あいくちごしら》えの小刀である。

なおも小賀が益田総監を、小川正洋が正面入口を見張るうち、三島は鎧通しを両逆手に構えた。そして、

「うーん」

という気合と同時に左脇腹に深々と突っ立て、作法通り右へ引きまわす。

その三島が最後の気力を奮い起こして面《おもて》を上げるのを合図に、必勝は大上段にふりかぶっていた関孫六を一閃していた。三島の頸部はこれによって半ば以上切断され、その上体は前のめりに倒れた。

しかし、小賀の目にまだ三島は生きているように見えた。

「森田さん」

思わず小賀が口をひらくと、古賀も声を掛けた。

「森田さん、もう一太刀」

これらの声に励まされて、必勝はさらに二度まで刀を振るった。だが、すでに三島は姿勢を崩していたため、介錯《かいしやく》をまっとうすることができない。

「浩ちゃん頼む」

必勝にいわれて代わった古賀がさらに一太刀刀を振るい、ようやく三島の頸部を首の皮一枚を残すという古式に則《のつと》って切断することができた。小賀は三島がなおも右手につかんでいたであろう鎧通しを手に取り、首の皮を胴体からすっかり切り離した。

ついで三島の遺体に隣りあう位置に、必勝がやはり上半身裸になって正座した。これも

ためらいなく切腹した必勝が、

「まだまだ」

「よし」

と二度までも声を掛けるのを待ち、古賀は一刀のもとに介錯に成功していた。

「介錯のあと、先生と森田さんの首をそろえ、合掌すると、知らず知らずに涙が出た」（古賀調書）

すでに益田総監は猿轡をゆるめられていたため、

「介錯するな」

「とどめを刺すな」

と叫びつづけていた。しかし、三島と必勝のあまりに強固な「死への意志」の前に、そのことばは虚しいものでしかなかった。

「君たち、おまいりしたらどうか」

「自首したらどうか」

益田総監がなおもいうと、小賀、小川、古賀のいずれかが答えた。

「三島先生の命令で、あなたを自衛官に引き渡すまで護衛します」

足のロープがほどかれたのは、その直後のこと。

「私はあばれない。手を縛ったまま、（私を）人さまの前に出すのか」

益田総監がつづけたところ、手を扼していたロープも解かれた。

ほぼ並行して三島と必勝の遺体には制服上衣が掛けられ、首はきちんとならべて赤絨毯の一角に据えられていた。

「合掌すると、知らず知らずに涙が出た」（古賀調書）

「もっと思いきり泣け」

といった益田総監は、

「自分にも冥福を祈らせてくれ」

とつづけ、三島と必勝の首の前に正座、合掌していた。

まもなく益田総監を解放することにした三人は、バリケードを片寄せて総監室正面ドアを排した。小川と古賀は益田総監のからだを両脇から支え、小賀は関孫六を手にして。そこで三人は、すでに廊下に溢れていた警務隊と牛込《うしごめ》警察署員に逮捕された。時に午後零時二十分ごろのこと。一歩遅れて警視庁から急行してきた佐々淳行《さっさあつゆき》警備課長は、のちに回想することになる。

「現場に着いたとき、すべては終っていた。首胴、所を異にする遺体と対面しようと総監室に入ったとき、足元の絨毯がジュクッと音を立てた。みると血の海。赤絨毯だから見分

けがつかなかったのだ。いまもあの不気味な感触は覚えている」(「そのとき、私は……」＝『諸君！』平成十一年十二月号)

三島由紀夫、本名平岡公威《ひらおかきみたけ》は享年四十五。自分の名をマサカツではなくヒッショウと呼ぶことを好んだ森田必勝は、享年二十五という若さであった。

七

ここまで事件を跡づけてくるうちに、私は三島由紀夫の短篇小説「日曜日」を思い出すことが度重なった。私が同作を読んだのは昭和四十八年(一九七三)一月に提出した卒業論文『三島由紀夫研究』の準備段階でのことだから、もう二十七年以上も前のことになる。なのになぜ「日曜日」のプロットが脳裡に甦ってくるのかといえば、この短篇の結尾があまりに三島、森田必勝の最後の姿と二重写しになるからだ。

三島が二十五歳と、切腹した必勝とおなじ年齢だった時に発表した同作の粗筋《あらすじ》はつぎのごとし。

主人公の幸男《さちお》と秀子は、財務省金融局勤めの下級公務員。ともに二十歳で、日曜日ごとに仲良くデートすることを大切な習慣として暮らしている。

ある日曜日、S湖へピクニックに出かけて正午のサイレンを聞いたふたりは、午後四時には最寄りの駅のホームに腕を組んで立っていた。するとピクニック帰りの客たちで駅頭はごった返しはじめ、ふたりは次第に「ホームのいちばん端に押し出された」。

そして四時七分に臨時列車が入ってきた時、惨事が起こった。「少しはやすぎた群衆の動揺が、最前列の二人を前へのめらせたのである」として、三島は書いている。

「腕を組んでゐたので、一人で死ぬことは困難であつた。幸男が顚落し、斜めに秀子が引きずられて落ちた。ここでまた何らかの恩寵が作用して、列車の車輪は、うまく並べられた二人の頸を正確に轢いた。そこで惨事におどろいて車輪が後退をはじめると、恋人同士の首は砂利の上にきれいに並んでゐた。みんなはこの手品に感服し、運転手のふしぎな腕前を讃美したい気持になつた」

ヘンリー・スコット＝ストークス流にいえば、これは「三島独特の悪趣味《キッチュ》」を代表する作柄に違いない。しかし、「死」への意志あればこその「生」である、という逆説によって、三島は「いよいよ死ぬところまで」生きてきたのである。

こちらまで「悪趣味」と思われかねないところだが、あえていおう。三島にとって事が計画どおりに進行し、自分の首と必勝のそれとが赤絨毯の上に「きれいに」ならべられたことは、「恩寵《おんちょう》」というべき結末であったろう。

対して森田必勝の「死」については、もはや改めて分析するまでもあるまい。

「先生のためには、いつでも自分は命を捨てます」

四十三年三月末日か四月の初め、必勝は三島宛の速達に書き記した。また同年五月の連休中にひらかれた「学生文化フォーラム」の懇親会で、必勝は開口一番宣言した。

「ぼくは、国のために死にたいと思います」

その年の夏、「神のつくりた日本国」を守るべく「貝殻島上陸作戦」を立案。しかし渡海直前に失敗した必勝にとり、あとの二年三カ月間は、いつしか四十五年十一月二十五日をもって閉ざされるべき一直線の歳月と化していたのだった。

第五章

野分の後

一

池に投じられた礫《つぶて》は、水底に消えるおのれの存在を同心円状の波紋によって岸辺へ伝える。野を分けて吹き抜ける烈風は、草木を押し伏せることによって来し方と去った方角とを風景に刻みつける。

本章では森田《もりた》必勝《まさかつ》の行動がその周辺の人々にどのような衝撃を与えたかを見ることにより、一編のエピローグとしたい。

陸上自衛隊が一一〇番通報をしたのは十一月二十五日午前十一時十二分のことだから(『裁判記録』)、幕僚副長ふたりが総監室にむかう前であった。その後、乱闘劇をはさみ、三島由紀夫と吉松《よしまつ》秀信《ひでのぶ》副長が窓の破れガラス越しに会話したのが十一時三十分ころ。してみると、裁判の冒頭陳述に「三島は、右要求の際市ヶ谷会館にいる楯の会の会員をも集合させるよう要求し、吉松副長は、これを容れ、集合措置を命じた」と記された動きは、十一時三十分以降に生じたものでなければならない。

防衛庁共済組合の経営する市ヶ谷会館は、市ヶ谷駐屯地の南西、正門から見ればすぐ右側にある。この会館の屋上からは、駐屯地内部を一望することもできる。

その三階の二部屋を借りて例会をひらいていた楯の会のメンバーは、三十三人。田中健一と倉田賢司はいうまでもなく、「十二社グループ」こと祖国防衛隊からは鶴見友昭、西尾俊一も出席していた。

楯の会の一員としてこの例会に参加した篠原裕は、それから一週間後の十二月初めに当日の模様をメモし、このメモは平成十五年（二〇〇三）、三島森田事務所の発行した「MM日乗」93号に「昭和45年11月25日／市谷会館」と題して掲載された。

私は最近になってから三島由紀夫研究家犬塚潔氏よりこれを送っていただき、この一文に触れることができた。そこでこのメモを引用紹介することにするが、この部分は本書原本と文庫版にはないくだりであることをおことわりしておく。

「その日は良く晴れていた。会場である市谷会館についた10時25分頃にはまだ10名ほどしかきていなかった。（略）やがて集合時間の10時30分を過ぎても先生がこられないのでわれわれが先に会場へ入ることにした。（この時誰かが『今日は先生と森田さんは遅れるから』と、いったような気もする。）11時近くなって人数は約30名ほどであった。それから11時に先生と森田さんが不在のままカレーライスが出されるとめいめいに食事を始めた。その前から今日はちょっと様子が変だ、あれほど時間に厳しい先生が何の連絡もせずに遅れる、（略）が、これは訓練なのだろう、とみんな思っていた。しかしどんな訓練をするつもりなのか、ということは誰もいえなかった。その頃（11時前後）、パトカーのサイレンが鳴り始め、音がいつもよりなんか多いのではないかと思いそんなことを口に出したりした。しかし、食事が終わっても先生の姿をあらわす気配は見えず、（略）サイレンの音はますます増えるばかりで不安は高まるばかりであった。そのちょっと前であったと思う、NHKと毎日の記者が入ってきて（略）、鶴見の話では、田中健ちゃんに面会にきたらしい（略）（健ちゃんは）やがてアタッシュケースから角封筒を取り出してその二人に手渡していた。その頃、楯の会のものが五人くらいで自衛隊に殴りこんだらしい、というような『うわさ』が流れた。しかし、みんな一笑に付した。やがて、しきりに電話がかかってきて代表のものに取り次いでほしいという話に対し、田中と鶴見と西尾達が応対していた。表ではいよいよサイレンの音が響き渡り、空にはヘリコプターが舞い、そのけたたましい爆音はわれわれの不安を2倍、3倍に高めていった。その後何度か電話がかかってき、話を聞こうと隣の部屋に入ろうとしたが西尾に制せられドアは閉められてしまった。その時、西尾の表情にはただならぬ気配が漂っていた。もう異常事態が、先生・われわれ楯の会に発生したということは明らかであった。やがて三人が部屋に戻ってきて作業服にあわただしく着替え始めた。その表情は顔面蒼白であった。健ちゃんの指揮で全員が作業服に着替えた。二隊に分かれて突っ込もうかという話が聞こえた。（この時、表は既に警察に包囲されていた。）しかし、われわれの中にはその三人以外何が起こったのか何がどうなっているのか全くわからなかった。（略）ドアを出て行った二人は間もなく戻ってきてなにやら相談していたが『先生の指示があるまでしばらく待機せよ。』とのことであった。皆ひとまず席に座り直したが落ち着かず窓の外を見ると、向かいのビルの窓窓には人が群がっていた。正面玄関にはカメラマンや機動隊がいる、と誰かが叫んだ。（略）その前後、市谷会館の人たちが五、六人きて、腹を切ると言ったり、いつもの市谷駐屯地の人がきて、先生がすぐ来るようにとか何とか言っていたが頭の中は混乱するばかりであった」

例会出席者たちが、外部の情報から遮断された形になっていたことを如実に示す証言である。

一体、市ヶ谷駐屯地では何が起こっているのか。かれらがそれを知るきっかけとなったのは、十二時半ごろ、ひとりが室内にラジオがあるのに気づいたことだった。早速スイッチを入れたが、何も変わったことは報じていない。しかし、十二時四十五分ごろふたたびスイッチを入れ、ダイヤルをまわすと次のようなニュースが読み上げられた。

「三島由紀夫と楯の会の四人が市谷駐屯地に乱入、憲法改正を叫んで……三島由紀夫はその場で割腹、隊員が介錯《かいしゃく》をし、首は完全に落ち……森田必勝も割腹、介錯を受け……小川、小賀、古賀の三人は逮捕されました……」

これも篠原裕の文章からの引用だが、そのつづきには例会出席者たちの反応が記録されている。

「まさか、まさか。一瞬自分の耳を疑った。呆然とした。こんなことが起ころうとは。何人かが号泣した。健ちゃんは『終わったんだ。すべて終わったんだ。全員制服に着替えろ！』と叫んだ」

これら一連の動きを田中健一は、「姓名不詳の自衛官があらわれて駐屯地一号館で起こっている事件のあらましを伝えました。ならばわれわれも、一号館へゆかねばなりません――」

そう咄嗟に考え、まず全員を市ヶ谷会館の玄関前に整列させたと、短く語る。

だがそのころすでに、会館前には警官隊が立ちはだかっていた。田中があとの指揮を鶴見に任せて警官隊を突破しようとすると、西尾ほか一名がこれにつづいた。

田中はいう。

「私はその時、特殊警棒を持っていましたから、それを振りまわして警官の足を殴ったと思います」

田中、西尾ほか一名はただちに公務執行妨害で逮捕され、身柄を四谷警察署へ送られた。鶴見をふくむ残り三十名も任意同行を求められ、夜遅くまで事件とのかかわりを問いつめられることになる。

例会に出席していなかった楯の会隊員たちのなかには私服の公安刑事の訪問を受け、その場で予防拘束されてしまった者もいる。そのひとり伊藤好雄は、日本橋の自宅で遅く起き、テレビをつけて事件発生を知った。

「なんともいえない気持だった」

と、伊藤は目を潤ませながらその時の複雑な胸中を語ってくれた。

「いまいうのはおかしいけど、半分は口惜しかった。内部にいた人間は、みんなそうでしょう。血判まで捺したのに、という思いがあるし」

昭和四十三年（一九六八）二月二十五日、まだ『論争ジャーナル』グループと蜜月関係にあった三島は、同誌編集部において中辻和彦、持丸博《もちまるひろし》、万代潔《ばんだいきよし》、宮沢徹甫《みやざわてつほ》、阿部勉、伊藤たちと会合。皇国の礎となることを誓う文書に指を切って血判を捺し、湯呑茶碗に集めた血をまわし飲みしたことがあった。その記憶が伊藤に、置いてゆかれたという思いを抱かせたのである。

その伊藤がテレビの前を離れて家の外を見やると、私服警官らしき者が立っていた。

「ちょっとお話がある」

と入ってきたこの公安刑事により、以後伊藤は在宅のまま監視を受けつづけることになる。

野田隆史も、ほぼ同時に公安刑事に予防拘束された。

この日の午前中、野田は麻布《あざぶ》獣医科大学の卒業試験を受けていた。むろん、事件のことなど知るべくもない。まだ午後の試験があるというのに途中で学生部長から呼び出された野田は、事務室でテレビのニュースを見せられて初めて事件を知った。

「君はもう試験を受けなくていいから、ここにしばらくいて頭を冷やしなさい」

野田は結果として学生部長から試験を免除され、夕方帰宅を許されて校門を出たところでパトカーが停っているのに気づいた。

これらの人々に較べると、「早稲田ハウス」の日本学生同盟（日学同）本部にいた山本之聞《やまもとしもん》、宮崎正弘たちの方が、事態をより早く察知したようだ。十一時過ぎに千葉工大の会員から電話が入り、こう教えられたからである。

「三島由紀夫と名乗る男たちが市ヶ谷の東部方面総監室に乱入し、日本刀をかざして暴れている、とラジオのニュースが伝えてますよ」

「三島さんの名をかたっちゃって、本人は怒るだろうな」

ひとりがいうと、室内に哄笑《こうしょう》がはじけたことを宮崎はよく覚えている。

しかし宮崎は背筋に悪寒を覚え、念のため三島邸に電話をしてみた。一回目は話し中。数分後にようやく通じたが、受話器を取ったお手伝いの女性は答えた。

「なんですか、いまもテレビ局の人からおなじ電話があったのですよ、まさかね……」

「ところで、先生は御在宅ですか」

「いいえ、今朝は早くから出かけておられます」

というやりとりがあり、瑤子《ようこ》夫人も外出中と知れる。宮崎が受話器を置いた時、ラジオの声は断定的な口調に変わろうとしていた。

「三島由紀夫と四人の楯の会の会員が……」

それなら、必勝も「四人」にふくまれているに違いない。

「市ヶ谷に行ってみる」

山本が飛び出すと、宮崎は五十メートル先のアパートにいる斉藤英俊《さいとうひでとし》のもとへ走っていった（宮崎正弘「『憂国忌』『三十年』とって置き話」＝「諸君！」平成十一年十二月号）。

すでに就職している斉藤は、会社をさぼって部屋にいた。

「ばたばたと駆けこんできた宮崎から事件の第一報を聞いて、『え、なんで』という気持でした。三島先生や森田とあれだけいろいろな経緯がありながら、です」

と、斉藤はいう。

対して、ラジオのニュースが三島由紀夫の行動を報じはじめた途端、あ、森田さんも死んだな、と思った者もいた。上田茂である。

金沢でピアノ運送助手のアルバイトをしていた上田茂は、トラック運転席のカーラジオによって事件発生を知ったのだった。

「もう、すぐわかりました。それしかないと感じました」

必勝自身の口から、「もう死ぬしかないと思っとる」と打ち明けられていた古い友人ならではの直感といってよい。

その日の金沢には、北国の冬特有の鈍色《にびいろ》の雲が低く垂れこめていた。いまでも曇天の日になると必勝の姿を思い出す。そうインタビューの最後近くに語った上田茂の静かな口調には、なにか忘れ難いものがある。

その姉上田牧子は、四日市市の勤務先に持ちこまれた号外によって必勝の死を知った。

「ああ、とうとうやったか、と思いました。私はあの十一月まで、マサカッチャンの様子がおかしい、おかしいと思っていましたから」

二度目のインタビューの際、牧子はグリーンの短いマントを羽織って待ち合わせ場所にあらわれ、気丈につづけた。

「だれもマサカッチャンのことを止めることはできなかった。もしいるとすれば、それは亡くなったお母さんだけだったでしょう。でも一緒に死ねるほど打ちこめる相手ができて、かれは幸せだったかも知れません」

なかなかいえないことばであろう。

おなじ四日市にあって、森田治と塩竹政之は必勝の死を人伝てに聞いた。治は勤務先の中学の文化祭事業に加わって体育館にいた時に中日新聞の関係者から、内装屋のアルバイトをしていた塩竹は姉からの電話によって。

即刻、治と連絡を取った塩竹は、翌二十六日にそろって上京することになる。二十五日午後五時過ぎ、三島と必勝の遺体は柩《ひつぎ》に納められて牛込《うしごめ》署に運ばれ、二十六日には信濃町《しなのまち》の慶応大学病院法医学部解剖室で司法解剖に付される予定と知れたためである。

同日午後一時二十五分に解剖が終了したあと、治は身元確認を兼ね、同病院霊安室において必勝の遺体との対面を果たした。

江戸時代、切腹して介錯を受けた者は、柄杓《ひしゃく》の柄《え》によって頭部と胴体を挿《す》げられてから納棺されるならいであった。これとは違い、必勝のその部分は縫合されたのち死装束《しにしょうぞく》に注意深く包み隠されていたようだ。

「死顔からは、苦痛があったとは思えませんでした。安らかに眠っている感じでした」

と、森田治はいった。

「弟は、みずから信じる道を行ったのだから、許してやらなくちゃしょうがないな、という気持で一杯でした」

三島の遺体が南馬込《みなみまごめ》の自宅に還っていったその日夕刻、必勝は都内の火葬場で荼毘《だび》に付された。塩竹によれば、その骨を拾ったのは治とかれのみであった。

二十六日のうちに四日市で通夜の営まれた必勝の戒名は、

「慈照院釈真徹必勝居士」

という。奇しくも十一月二十五日生まれの塩竹は、以来自分の誕生日を祝う気にはついになれないままデザイナーとして四日市に暮らしている。

必勝ではなく特に三島のハラキリが、二十五日のうちに世界中に打電されたことはよく知られている。西ドイツにあってそれを知り、震撼させられたのはマインツ大学留学中の遠藤秀明であった。元早大国防部員、必勝の「貝殻島《かいがらじま》上陸作戦」に唯一参加した遠藤は、ラジオニュースを聞いたペーターという友人からその内容を伝えられたのである。

いまは帰国し、マネージメント・コンサルタントをしている遠藤はいう。

「昭和四十三年の夏、森田先輩が納沙布《のさっぷ》の浜から漁船を押し出すのをやめようといった時以来のわだかまりが、これで払拭されました。森田先輩が死んだと知って、私は先輩を誤解していたことに気づいたのです。森田さんが計画を中止したのは、臆病風に吹かれてのことではなかった。かれには中止する勇気があり、納沙布でのことを茶番ではおわらせないためにも、淡々とXデイにむかってすすんで行ったのでしょう」

二

島尾敏雄に、『出発は遂に訪れず』という作品がある。昭和二十年(一九四五)八月十三日夕刻、部下五十二名とともに特攻隊発動命令を受けながら、発進の合図のないまま八月十五日の無条件降伏を迎えた男の複雑な心理を描いた作である。

事件発生当日から約一カ月間拘置所に入れられた田中健一と西尾俊一、そして野田隆史と鶴見友昭ら祖国防衛隊の者たちは、すでに何度も触れたようにテロルの果ての死を夢見ていた。それが森田必勝に置き去りにされた格好だけに、かれらは一様に「出発は遂に訪れず」どころか遅れをとったという思いを禁じ得なかった。

この心理は「半分は口惜しかった」と述懐した伊藤好雄にも共通するものだが、当時の胸中を鶴見友昭はつぎのように表現した。

「終戦後、復員してきた人たちが、もう人生はおわった。あとはなんでもいいや、とよくいったといいますね。私たちもそれとよく似た気持でした。ああ、おわっちゃったんだ、というような。考えてみたら早過ぎますけどね、二十何歳でそのように感じたとは」

事件から十六日目の十二月十一日午後六時から、池袋の豊島公会堂では「三島由紀夫氏追悼の夕べ」がひらかれた。主催者は「文化人・学生実行委員会」。発起人は林房雄《はやしふさお》、黛《まゆずみ》敏郎《としろう》、藤島泰輔《ふじしまたいすけ》、保田與重郎《やすだよじゅうろう》、山岡荘八《やまおかそうはち》、北条誠《ほうじょうまこと》、佐伯彰一《さえきしょういち》、川内康範《かわうちこうはん》、村松剛《むらまつたけし》たちだが、十一月二十五日のうちに会場を確保しておいたのは、斉藤英俊のアパートから「早稲田ハウス」へ取って返した宮崎正弘であった。

「三島はともあれ森田の精神を後世に向かって恢弘《かいこう》せよ」

三島が小賀正義《こがまさよし》に与えた「命令書」に従って、必勝の遺影も三島のそれとともに豊島振興会館の第二会場に掲げられた。第三会場の中池袋公園にもつめかけた「追悼の夕べ」参加人数は、約七千人。あまりの大混雑と付近の交通渋滞に参列を諦めた者たちをふくめれば、一万人は集まったといわれている。

しかし、結果として必勝と小川正洋《おがわまさひろ》とを市ヶ谷台へ送りこむことになった祖国防衛隊の者たちは、右のような熱気からははるか遠い位置に佇みつづけた。

野田、鶴見は、十二月下旬に出所した田中と西尾に再会。相談の結果、あけて昭和四十六年（一九七二）初頭、祖国防衛隊の解散届を警視庁、十二社の小林荘を管轄区域にもつ新宿警察署および新聞各社に送った。そこに記された解散の日付は、前年十一月二十五日とされていた。

同年二月二十八日には西日暮里《にしにっぽり》の神道御祓大教会に楯の会隊員七十五名が集まり、平岡瑤子出席のもとに同会の解散式をおこなった。

とはいえ、結社が消滅したところで信条はそう簡単に変えられるものではない。戦時中から特異な〈死の形而上学《けいじじょうがく》〉によって精神を鎧《よろ》っていた三島にしても、終戦とともに「二十歳で早くも、時代おくれになつてしまつた自分」を発見して「途方に暮れた」ものであった（『私の遍歴時代』）。以下、旧祖国防衛隊のメンバーたちのそれぞれの「戦後」を追うことによって結尾とする。

鶴見友昭は、前述のごとき空白感から早大政経学部を一年留年。昭和四十七年三月に卒業して、浜松市役所に入った。とても就職活動などする気になれないうちに採用シーズンがおわってしまい、気づいたら役所以外にゆくところはなくなっていたのだという。

だが、いつでも必勝と一緒に死ぬ覚悟のできていた鶴見にとり、地方公務員の生活はあまりにも面白くなかった。二年後に当てもなく退職してしまったかれは、やがて暮らしに困り、不動産関係の企業に再就職して今日に至っている。

「ぶらぶらしている間に、少し気持の整理ができたということですか。あの事件の後遺症のない者は、元祖国防衛隊のメンバーにはいないと思います」

と往時を振り返る鶴見は三十歳を過ぎてから結婚し、一児の父親になって久しい。

かれの口からは図らずも「後遺症」ということばが出たが、もっとも重い「後遺症」を負ったのは伊藤好雄と西尾俊一だったかも知れない。

裁判によって懲役四年の実刑に服した小賀正義、小川正洋、古賀浩靖《こがひろやす》の三人が出獄してから三年目、事件からかぞえれば六年四カ月後に、ふたりは元楯の会隊員としてマスコミをにぎわせることになった。

「武装〝新右翼〟4人組／経団連会館を襲う」

と大見出しをつけた『読売新聞』昭和五十二年三月四日付朝刊のトップ記事にいう。

「三日夕、東京・大手町のビジネス街の中心にある経団連会館に、散弾銃、ピストル、日本刀で武装した四人組の男が押し入り、七階会長室など三室を占拠、常務理事ら男性四人を人質にして立てこもった。日の丸のハチ巻きをした犯人は『YP（ヤルタ・ポツダム）体制打倒青年同盟』を名乗り、ばらまいた檄（げき）文の中で、さる四十五年十一月、自衛隊市ヶ谷駐とん地に乱入、割腹した作家・三島由紀夫のグループ『楯（たて）の会』への共鳴を表明するとともに、財界に対し、『営利主義が社会世相の退廃をあおった罪状は見逃せない』などと攻撃、土光敏夫《どこうとしお》・経団連会長が報道機関を通じてこの檄文に回答するよう要求した。（略）犯人一味は、さる三十八年の故河野一郎《こうのいちろう》邸焼き打ちの主犯、大悲会会長野村《のむら》秋介《しゅうすけ》（四二）ら『新右翼』といわれる民族派系右翼のメンバーとわかった。警視庁では、事件発生と同時に経団連ビル周辺を機動隊ら約六百人の警察官で包囲する一方、庁内に警備本部を設置して犯人説得など人質救出に全力をあげた。この結果、午後九時すぎ、犯人は常務理事ら二人を解放、さらに四日午前一時すぎ、警察の説得が功を奏し、事件は九時間ぶりに解決に向かった」

右の「四人組」のうちのふたりが、伊藤と西尾である。いわゆる「経団連襲撃事件」。経団連会館に籠城中の伊藤は、読売新聞の電話インタビューに対して答えた。

「自決の覚悟で来ていますから」

その一点から見ても、事件を知って「半分は口惜しかった」伊藤と市ヶ谷会館から市ヶ谷駐屯地へ駆けつけようとして果たせなかった西尾とが、三島あるいは必勝につづこうとしていたことは確実である。

しかし結果だけをいえば、ふたりは三島と必勝に対し、六年四カ月遅れの追腹《おいばら》を切るには至らなかった。

「あなたがたはそれで良くても、周りで必ず精神的打撃をこうむる人が出るはずです。私の主人がやったようなことをしてほしくありません」(『読売新聞』同年三月四日付夕刊)

と駆けつけてきた平岡瑤子に説得され、投降に踏みきったからである。

ともに懲役五年の実刑に服して罪を償ったふたりのうち、伊藤はその後茨城県下に帰農。「三島由紀夫追悼の夕べ」の後身「憂国忌」(毎年十一月二十五日開催)とはまた別に必勝を悼む会合「野分祭」の主催者のひとりとなって、今日に至っている。

三

祖国防衛隊の活動に燃焼しきれなかった。

そんな思いを曳きずりながら社会に出た、という意味では、野田隆史も鶴見や西尾となじであった。昭和四十六年三月に麻布獣医科大学を卒業した野田は、最初の三年を奈良市にある菖蒲池《あやめがいけ》動物園勤務の獣医として過ごした。

とはいえテロルとその果ての「死」に憧れるという反社会的感覚を内に育ててきた者が、外部と精神的に折りあいをつけるには時間がかかる。野田の場合、必勝に負けたという虚脱感も重なっていたから、心理的に立ち直るには膨大な月日が必要であった。

そこから、野田の世界放浪の旅がはじまった。最初はインドへ行くつもりだったが、四十九年、東急グループが宮崎に開設しようとしていたサハリ・パークにヘッド・ハンティングされたのを機に渡米。ニュージャージー州のグレートアドベンチャー動物園の研修医となり、サハリ・パークの設計、動物輸入、検疫に関するノウハウを学んだ。

こうして宮崎サハリ・パークのオープンに寄与したものの、いったん組織ができあがってしまうともう野田は面白くない。二年後には山口にサハリ・パークを作るという横浜の動物商の契約社員となり、南アフリカに程近いナミビアへ出張。ローデシアへアフリカ象を仕入れに行った時には反政府ゲリラの出没する地帯に足を踏み入れ、みずからも護身用に自動小銃を携帯する、というスリリングな経験もした。

山口県秋芳台《あきよしだい》にサハリ・パークのオープンする直前の昭和六十一年から六十二年にかけては、そのサハリ・パークに勤務。放し飼いの駝鳥の世話をしていた際、人のからだも切り裂く鋭い爪を持ったこの世界最大の走禽類《そうきんるい》に襲われ、間一髪のところでフェンスを跳び越えて逃れる、という危ない目にも遭った。

このように野田の前半生は波瀾に富むものとなったが、獣医に動物の手術はつきものである。他方、祖国防衛隊時代の野田にとって、必勝は同志であると同時にライバルとして意識されていた。それだけに野田は、長い間、夢にあらわれる異様な必勝の姿に悩まされつづけた。

「夢に出てくる森田さんは、首に介錯を受けた傷跡があるんです。しかもその傷跡に、縫い目があるのでかなわんのです」

夜ごと必勝の夢を見て、そのたびに金縛りに遭って苦しんだ元同志もいるから、必勝の烈しい死に方からかれらの受けた衝撃の深さが察せられる。野田にとって奈良、アメリカ、宮崎、アフリカ、山口を転々とした日々は、「後遺症」を癒すために必要な歳月でもあったのだった。

その野田は三十一歳で結婚、枚方市《ひらかた》に犬猫病院を開業して、いまは三児の父となっている。

四

最後に田中健一である。

祖国防衛隊と楯の会とが解散したあと、田中は福井県小浜市《おばま》へ帰郷。農業に従事し、二十六歳の時に妻を迎えた。最晩年の三島由紀夫が神風連《しんぷうれん》に傾倒していたことは周知の事実だが、祖国防衛隊のメンバーのうちでももっとも三島文学に親炙《しんしゃ》していた田中の夫人は、奇縁というべきか、神風連頭首大田黒伴雄《おおたぐろともお》の曾孫にあたる。

田中が皇居一般参賀の一番乗りを果たしたのは、昭和四十四年一月二日のこと。翌日の新聞に名前を報じられた田中は、当時熊本に住んでいた三歳年下のこの女性から手紙をもらい、事件後拘置所に収容されている間にも励ましの手紙を受けていた。

それが結婚へとつながったわけだが、田中は事件の朝、必勝のふんどしを締め直して送り出した立場だけに、遅れを取った苦さをだれよりも強く噛み締めていた。だからかれは、夫人の両親に会って結婚の許しを求めた時にも、四十五年十一月二十五日の三島、必勝の行動に触れてこう告げた。

「またあのようなことが起こり、私が家庭と行動とのどちらを取るか、ということになった時は、あちらを取って妻を捨てます」

田中は田中なりに、切実な思いをこめてこのせりふを口にしたのであろう。その了解のもとに結婚生活に入った田中は、男児に恵まれた際にはためらわず公威《きみたけ》と名づけた。

その田中はいまも三島からもらった「大志」、「剣」と書かれた二枚の色紙を手元に保管し、煙草も三島がショート・ピースを喫っていたのを偲んでピース・ライトを愛喫している。これも三島同様ライターは使わず、かならずマッチをつけることによって。

以前は田中もショート・ピース派だったのだが、夫人に止められて軽いピースに換えたのだという。その時、田中は夫人にいった。

「お前そんなことをいうけれど、わしが先生の遺志を継ごうと思うたら、これ（ピース）しかない」

――必勝は、最初の予定ではあなたを市ヶ谷行きのメンバーに加えるつもりだったようだが。

吹雪の夜、小浜市内のホテルでのインタビュー中に私がなぜそう考えられるかを説明すると、いまは物産会社の重役になっている田中の二重瞼《ふたえまぶた》の両眼からは、見る見る湧いてくるものがあった。

「もしもそれが事実なら、非常に光栄です」

昂《たか》ぶる思いを抑えるような低い声で田中は答え、ややあってからこうもいった。

「恥かしい話ですけれども、あの日四谷警察署につれてゆかれて事件の結果を伝えられた時には、置いてゆかれた、という思いを禁じ得ませんでした。みんなそうでしょうけれど、私もこのままおわりたくはないんです」

田中の心情のよき理解者でもある夫人は、朝かれが家を出る時にはかならず塩を撒いて見送ってくれる。

窓外から吹雪が悲鳴のような音を伝えてくるなか、ぽつり、ぽつりと語る田中と卓をへだてて向きあっているうちに、私は事件前後に読んだ石川啄木《いしかわたくぼく》の詩をゆくりなく思い出していた。

「われは知る　テロリストの
かなしき心を――
言葉とおこなひとを分ちがたき
ただひとつの心を、」

『呼子と口笛』所収、「ココアのひと匙」と題された有名な一篇である。

私は、啄木の愛読者ではない。学生時代に、ただひととおり読んだだけの者である。田中がその私に一読から四半世紀以上を隔てて右のフレーズを思い起こさせたのは、啄木とかれとが時代を越えて「テロリストのかなしき心」を共有しているように見えたためにほかならない。

一方、「後遺症」をすでに払拭しきれたかに見える野田隆史は、インタビューの最後にはっきりといった。

「われわれの心のなかには、いつまでも森田必勝が存在しています。楯の会百人のなかから森田必勝ひとりを見つけたというだけで、三島先生は幸せだったでしょう」

上田牧子の「一緒に死ねるほど打ちこめる相手ができて、かれは幸せだったかも知れません」ということばとともに、これもなかなかいえることではない。

西暦二千年を生きていたら、必勝は五十五歳、三島は七十五歳になっていた。必勝の血染めの鉢巻と制服制帽、靴下、バンド、墨の滲んだ新聞などは、あれから三十年の歳月が経った今日も森田家に保存されている。

ちなみに、すでに大学生となった野田隆史の長男は、名を必和《まさかず》という。

あとがき

私は、これまで現代史について書いたり発言したりすることはほとんどなかった。その私がなぜ同時代人を主人公とする本書を執筆することになったかといえば、はなはだ迂遠な表現ではあるが昭和五十七年（一九八二）後半に宮崎正弘氏の知遇を得たことが大きかった。

当時の私は、文藝春秋勤務の編集者。宮崎氏は国際政治経済なんでもござれの評論家で、すでに著作も三十冊を越えていた。その宮崎氏といつか酒友になるうちに、私は氏がかつて日本学生同盟の主要メンバーのひとりであり、本書の登場人物たちとも深く交わった経歴の持ち主であることを知ったのだった。私が平成三年（一九九一）六月をもって文藝春秋を退社し、文筆生活に入ったのも、氏の旺盛な執筆活動に刺戟《しげき》されてのことにほかならない。

「だれか、森田必勝《もりたまさかつ》を書けそうな作家はいませんか」

と、その宮崎氏から質問されたのは平成八年前半のこと。

「手垢のついていない資料や証言をどこまで集められるかどうかですが、それよりもすでに三島作品はすべて読んでいる書き手であることが前提条件でしょう」

などと最初は他人事のように答えるうち、氏が全面的に協力してくれるのであれば私自身がこの困難なテーマに挑んでみようか、という気持が芽生えたのを昨日のことのようによく憶えている。

そこで同年夏、氏に案内されて四日市へゆき、森田治氏を訪ねたことからすべては始まった。しかし、その後まもなく私の取材計画には重大な齟齬《そご》が生じた。体調を崩して都心へすら出られなくなり、必然の結果として関係者へのインタビューをつづけられなくなってしまったのだ。

その間に事件二十五周年も過ぎ去り、取材を再開してようやく『諸君！』への連載（平成十一年十二月号～十二年二月号、本書の第三章までの部分）を始めたころには三十周年が目前に迫っている始末。そんな次第で宮崎氏と取材協力者各位にははなはだ迷惑をかけてしまったが、他意はなかったことをおことわりしておきたい。

また、本書の登場人物には一部仮名が混じっている。水面下の事情を種々教えていただきながら、ゆえあってオフ・レコとしたケースもないではない。事件の特異性に鑑《かんが》み、これら執筆の舞台裏に関して本文中ではいっさい言及しなかったこともおことわりしておきたい。

なお本書のための取材については、文藝春秋出版局長（元『文學界』編集長）の寺田英視氏、企画出版部（元『文學界』編集部）の白石一文氏、『諸君！』編集長立林昭彦氏、同誌の若き編集部員伊藤秀倫氏の絶大な協力を仰いだ。昭和四十年代の学生運動史、なかんずく日学同にかかわる事実関係の記述については前記宮崎氏の懇切きわまる指導を受け、取材の席にも一再ならず同席していただいた。

ともにひとつの時代を生きてきた者として、忘れられた事実を世に伝えたい。毀誉褒貶あまりに激しい本編主人公の等身大の姿を知りたい。——その二点に凝縮された以上の人々の熱い心なくして、この書きものを一冊にまとめることなどはとても考えられなかった。

私の拙いインタビューに応じ、四半世紀以上前の出来事を深い記憶の淵から懸命に甦らせてくれたみなさんに深甚なる謝辞を捧げたい。

＊

右は本書の単行本に添えた拙文だが、このたび新たに文庫版を出していただく運びとなったので、二、三付言したい。

本書を書いた余慶か、私は宮崎正弘氏の依頼を受けて憂国忌発起人に名をつらねることになった。憂国忌は式典のあと識者による講演となるのが恒例で、識者には入らない私も平成十一年（一九九九）の当日には「森田必勝取材ノート」と題する講演をさせられた。

ところが昨年――平成十四年の講師は、元「文藝春秋」編集長堤堯《つつみぎよう》氏であった。その講演内容は「三島由紀夫が遺した『謎の予言』」（「諸君！」平成十五年二月号）としてすでに活字化されているが、私はこの講演を聞いて驚くとともに深く感動した。

かつて三島由紀夫の担当編集者だった堤氏は、森田必勝ともある程度のつきあいがあった。氏は三島から楯の会への入会を求められたこともあり、森田の口からは、なんと、

「僕は絶対に三島先生を逃しません」

ということばも聞き出していたのである。

これは私が本文中に書いたように、昭和四十五年の秋が深まるにつれ、

「ここまできて三島がなにもやらなかったら、おれが三島を殺《や》る」

と森田が口走るようになっていた、という取材結果に符合する。

堤氏の講演はこのほかにも種々の新事実をあきらかにするものであったので、私は「諸君！」編集部から文藝春秋出版局の第一文藝部に異動してふたたび私の担当になってくれた伊藤秀倫氏と相談し、堤氏に本書の解説文をお願いすることにした。

一般に、文庫とその解説文とは山とその裾野を流れる川のような関係にある。しかし本

書に限り、堤氏の解説は単なる解説ではなく、私が水深測量しきれなかったところをよく補完して下さる証言録になっている。そのことに、大方の注意を喚起しておきたい。

＊

第一の＊から第二の＊までは文春文庫版に添えた「あとがき」だが、これを書いてから早くも十二年の歳月が流れたので、なおいくつかのことを付記する。

本書原本および文庫版にあったミスを指摘して下さった上、正誤表まで送って下さったのは三島由紀夫研究家の犬塚潔氏である。同時に氏が送って下さった資料により、昭和四十五年十一月二十五日に市ヶ谷会館でおこなわれた楯の会の例会の模様を約五枚加筆したことが、本書原本および文庫版とこのワック版とのもっとも大きな相違点である。

最後にこの小著がワックから刊行されることになった経緯を御披露しておく。

私が文藝春秋の社員として『週刊文春』編集部に配属され、特集記事を書いていたころ、『W・i・L・L』の編集長花田紀凱《はなだかずよし》氏は特集班のデスクであった。また、時々私が寄稿させていただく『歴史通』の編集長立林昭彦氏は、私が『諸君！』に「烈士と呼ばれる男」を連載したときの同誌編集長であった。

花田氏からは、

「あの本は面白かったから、いずれワックから出そうよ」

とかねて提案されていたこと、立林氏とは打ち合わせと称して時に酒席をともにすることなどから、ワック版の刊行が決まったのである。

この御両人と、やはり文春の先輩社員で貴重な解説の再掲載をお許し下さった堤堯氏、前述の犬塚氏には改めて深甚なる謝意を捧げたい。

平成二十七年(二〇一五)十月

中村彰彦

主要参考文献（三島作品と雑誌・新聞を除く）

伊達宗克『裁判記録「三島由紀夫事件」』（講談社、一九七二）
森田必勝『わが思想と行動（遺稿集）』（日新報道、一九七一）
宮崎正弘『三島由紀夫「以後」』（並木書房、一九九九）
安藤武『三島由紀夫「日録」』（未知谷、一九九六）
村松剛『三島由紀夫の世界』（新潮社、一九九〇）
岡村青『森田必勝・楯の会事件への軌跡』（現代書館、一九九〇）
山平重樹『果てなき夢』（二十一世紀書院、一九八九）
ヘンリー・スコット＝ストークス著、徳岡孝夫訳『三島由紀夫　生と死』（清流出版、一九九八）
『川端康成・三島由紀夫往復書簡』（新潮社、一九九七）
徳岡孝夫『五衰の人　三島由紀夫私記』（文藝春秋、一九九六）
篠原裕『昭和45年11月25日／市谷会館』（三島森田事務所刊「MM日乗」93号、平成十五年十一月一日～平成十五年十一月三十日）

解説

堤　堯

司馬遼太郎《しばりょうたろう》さんからジカに聞いた言葉に、忘れ難い言葉がある。

「会津の反乱があるから、ボクは日本人を信用できるんや」

幕末、世を挙げて菊（天皇）になびくなか、葵（徳川）に忠義立てした会津人の節義・反骨を、司馬さんは上記の言葉で称揚した。最高の褒め言葉だろう。

その会津に、ひときわこだわる作家がいる。会津の魂魄をコツコツ文《ふみ》に刻んで、後の世に残さんとする。作家・中村彰彦のイメージは、登場以来、当方にとって「好もしいモノ書き」の像を結んでいる。

もっぱら歴史に「敗者のロマン」を探し求め、「サイレント・ヒーロー」の発掘に専念して来た中村さんが、突如、現代史に手を染めて驚かせた、それが本書である。「諸君！」連載のおりから、次号を待ちかねて熟読した。というのも当方は、三島と森田両氏に多少とも面識がある。両者の関係につき、かねて抱いていた疑問に応えるヒントが、連載のそこかしこに象嵌《ぞうがん》されていたからだ。

はたして森田必勝《もりたまさかつ》は、自決に向けて疾駆する三島由紀夫の、単なる「伴走者」だったのか？　その疑問が本書全編に流れる通奏低音である。

三島由紀夫は昭和文学史に聳立《しょうりつ》する。国文科の学生だった中村さんが、卒業論文の対象としたのもユエなしとしない。もとより「三島事件」の衝撃が触発した。論文提出は昭和四十八年、事件の三年後とある。卒業論文の中に、森田必勝がどのように扱われたかは知らない。中村さんは書いている。

「私が『人生いかに生きるべきか』と悩みはじめている時に、『いかに死すべきか』と正反対の発想で人生を見つめていた同世代人がいたと知って、私は言葉もなかった」

そもそも森田必勝とは何者か？　中村さんの脳裡に、以来三十年、絶えず揺曳《ようえい》した疑問だったろう。言うなら本書は、三十年後に書かれた「卒業論文補遺」でもある。疑問は三十年の発酵を待った。これを書いた今となって、中村さんは悟っているはずだ。「いかに生きるべきか」と「いかに死すべきか」――一見正反対の発想が、森田必勝にあって実は同義語だったことを。

中村さんは新稿の「あとがき」で、当方が第三十三回「憂国忌」でおこなった「口演」に触れている。以下二、三を要約して参考に供する。

――当方が森田必勝に会ったのは、事件の前年四十四年でした。四谷三丁目に創魂出版という小さな出版社があって、友人が経営していた。

「楯の会の学生長・森田がウチでアルバイトをしている。貝殻島《かいがらじま》に泳ぎ渡って日の丸を立てようとした男だ。会ってみるか」

そんな誘いを受けて出かけていった。のちに知ったのですが、当時この出版社に麻原《あさはら》彰晃《しょうこう》が出入りしておりました。のちにオウム真理教の教祖になりますが、そのときは気がつきもしません。森田さんは本の上げ下ろしをやっていた。あれで一日いくらになるのか、友人に尋ねたところ「千四百円かな」という答えでした。森田さんの仕事が一段落するのを待って、一升ビンから冷酒を注ぎ合って、スルメを齧《かじ》りながらの会話となりました。楯の会や学生運動や貝殻島のことなど、三時間ほどアレコレと話し合った。会話の中で三島さんに触れるとき、彼の言葉に愛憎半ばするというか、徒《ただ》ならぬものを当方は感じました。で、私は訊いてみた。

「森田さん、貴方、エルンスト・レームになるんじゃないの？」

レームは、ヒトラーが政権を獲るまでの暴力装置・ナチス突撃隊の隊長で、のちに親衛隊によって暗殺される。御用ずみとなってポイされる。ですからずい分と失礼な、意地の悪い質問でした。森田さんは面《おもて》をキッと改め、こう答えた。

「僕は絶対に三島先生を逃しません」

森田さんの徒ならぬ物言いに、初めて尋常ならざるものを感じたわけです。そんな森田さんと別れたあと、友人がしみじみといいました。

「三島も大変だなあ、今度という今度は逃げられない。あの青年は、三島に取り付いた死神だよ。なにしろ今度は眦決《まなじり》したナショナリズムだからなあ。ハイ、サヨウナラというわけにはいかんだろう」

年明けて一月、三島さんに会ったおり、この一件を伝えて、「三島さん、大丈夫ですか」と訊いてみた。三島さんはさり気なく話題をそらせた……。

――四谷三丁目に「P」というバーがあります。森田さんたちがよく来ていた。そこのママの話では、森田さんが思い詰めたように言ったそうです。

「十二月には、佐藤首相を殺《や》る」

もし森田さんが独り蹶起《けっき》してコトに及んだら、どうなったか。コトの成否にかかわらず、隊長・三島由紀夫の立場はありません。

なぜ十一月二十五日だったのか。小室直樹《こむろなおき》さんの説によれば、三島さんの誕生日は一月十四日、これから四十九日を逆算すれば十一月二十五日。この日に死ねば、誕生日に再生する。輪廻転生《りんねてんしょう》をテーマにした『豊饒《ほうじょう》の海《うみ》』をみずから実践することになる。「私は永遠に生きたい」――当日、机の上に遺した文言でした。小室さんが推察したような仕掛けをしたのかもしれませんが、なにより森田さんとの関係で、十一月がギリギリだったのではないでしょうか……。

――共に死ぬことを心中とすれば、心中は一つのドラマに見えて、実はAとB二つのドラマからなっています。太宰治《だざいおさむ》のドラマと山崎富栄《やまざきとみえ》のドラマ。三島さんのドラマと森田さんのドラマ。二つが縒《よ》り合わさって心中という一つのドラマになる。当たり前といえば当たり前ですが。三島さんのドラマは多く論じられましたが、森田さんのソレは論じられること少なかった。遺稿集『わが思想と行動』と、中村さんの『烈士と呼ばれる男』をまって、初めて森田側のドラマがわかってきた。

なかんずく森田さんが貝殻島へ泳ぎ渡ることに失敗した一件は、中村さんの丹念な取材で、なるほどそうだったのかと教えられることが多々あります。私もノサップ岬へ行った事があります。あそこは潮の流れが速くて、水温も低い。仮に森田さんが泳ぎ渡ろうと試みたとしても、失敗したでしょう。

前夜、壮行会までやってもらいながら、森田さんは海にも入らずに戻った。船の調達に出かけ、誰何《すいか》されて逃げ帰った。嬉しそうに駆け戻る彼を見て、仲間は「何だ?」となる。このときの失敗が仲間にどう受け取られたか、内心忸怩《じくじ》たるものがあったでしょう。そこらへんの事情を、中村さんは生き生きと描いている。この失敗が森田さんのトラウマになった。よーし、二度と逃げないぞ、次には失敗しないぞと覚悟を決めたと思われます。

あの自決につき二人の主従関係をいうなら、三島が主で森田が従と考えられてきたが、そうではなくて森田が主で三島が従だったのではないか、それが中村さんの指摘です。私もそう思います。森田さんがグイグイ三島さんを引っ張った。三島さんにしてみれば、やがてコトを起こすにしても、もう少し時間が欲しかったに違いない。連載中の『豊饒の海』を存分に仕上げたい。そのあとは、

「藤原定家《ふじわらのさだいえ》を書きたい」

口癖のように言うのを何度か聞いたことがあります……。

新宿の小部屋に若者たちがたむろする。グループの名は「祖国防衛隊」で隊長は森田必勝。若者の一人は切腹の稽古をして下腹に出血を見る。……このような光景が三島事件の背後に展開されていたとは、本書を得て初めて当方も知った。ジョン・ネイスン著『三島由紀夫　ある評伝』に、こんな記述がある。三島由紀夫が森田必勝を指して、

「ボクを殺すただ一人の男だ。覚えていてくれよ」

事実、三島由紀夫の首に刃を当てたのは森田必勝だった。本書には、彼のこんな言葉が

記されている。

「ここまで来て三島が何もやらなかったら、オレは三島を殺る」

中村さんは三島由紀夫の死後三十年、取材の結果、そのような証言を引き出した。中村さんは書いている。

「いわゆる三島事件の真相は、実は『森田事件』というべきものであった、と書いては言い過ぎであろうか」

言い過ぎではない、と思える。森田必勝は三島由紀夫にとって、「死神」といって悪ければ、まさに「オム・ファタール＝運命の人」だった。

古い実写フィルムは映し出す。市ヶ谷台のバルコニーから獅子吼《ししく》する三島由紀夫である。

「男一匹が命を賭けて訴えているんだぞ、聞けッ、静聴せいッ」

かたわらに森田必勝がチラリと映る。あたかも「太刀持ち」のように。しかし本書は、「太刀持ち」に見えた若者を、何者かへと引き上げる。その反時代的な心情は、むしろ三島由紀夫を超えるものではなかったか。司馬さんは「三島事件」を「精神と行動の異常なアクロバット」と評し、「会津の反乱」に類するものとは見なかった。しかし二人の割腹自決は紛うかたなく「反時代的な、二人だけの反乱」だった。反時代に徹すれば徹するほど、人は沈黙せざるを得ない。しかしいつか沈黙は爆裂して咆哮《ほうこう》となる。三島由紀夫は剣道の掛け声に託して、こう書いている。

「この叫びには近代日本が自ら恥じ、必死に押し隠そうとしているものが、あけすけに露呈されている。それはもっとも暗い記憶と結びつき、流された鮮血と結びつき、日本の過去のもっとも正直な記憶に源している。それは皮相な近代化の底にもひそんで流れているところの、民族の深層意識の叫びである。このような怪物的日本は、鎖につながれ、久しく餌を与えられず、衰えて呻吟しているが、今なお剣道の道場においてだけ、われわれの口を借りて叫ぶのである」

森田必勝が最期に発した裂帛《れっぱく》の叫びを、誰より聴きたかったのは三島由紀夫だったに違いない。首を斬られてなおしばらく、人間は意識を保つという。三島由紀夫は見ただろうか、従容《しょうよう》としてアトに続く森田必勝を。事件後十数年、某写真誌が死体検案書からスクープした三島由紀夫の死顔は安らかだった。「アトに続く者」を得た満足だろうか。一方の森田必勝においてはどうか。初恋の人・上田牧子によれば、「彼は何かをずっと探しているようだった」という。

「一緒に死ねるほど打ちこめる相手ができて、彼は幸せだったかも知れません」

兄・治によれば、

「死顔からは、苦痛があったとは思えませんでした。安らかに眠っている感じでした」

どちらが主で、どちらが従だったかはともかく、命を賭けて何事かを顕現したという事実は、紛うかたなく歴史に刻まれた。敗戦の前月に生まれ、以後の二十五年を烈しく疾走した稀有な青年の像が、かくして本書に彫刻された。著者年来の作業——敗者のロマン、サイレント・ヒーロー発掘の系譜に、本書もまた位置すると思える。

（元「文藝春秋」編集長）

本書は、二〇〇三年六月に文藝春秋より発刊された『烈士と呼ばれる男』(文春文庫)を、改題・改訂した新版です。

中村　彰彦（なかむら・あきひこ）

作家。1949年、栃木市に生まれる。東北大学文学部卒業。文藝春秋勤務を経て、91年より文筆活動に専念。87年『明治新選組』で第10回エンタテインメント小説大賞、93年『五左衛門坂の敵討』で第1回中山義秀文学賞、94年『二つの山河』で第111回直木賞、2005年『落花は枝に還らずとも』で第24回新田次郎文学賞を受賞。『名君の碑』『白虎隊』『新選組秘帖』『明治忠臣蔵』『明治無頼伝』ほか著書多数。

三島事件　もう一人の主役
――烈士と呼ばれた森田必勝

2015年11月17日　初版発行

著　者　中村　彰彦

発行者　鈴木　隆一

発行所　ワック株式会社
東京都千代田区五番町 4-5　五番町コスモビル　〒102-0076
電話　03-5226-7622
http://web-wac.co.jp/

印刷製本　図書印刷株式会社

© Akihiko Nakamura
2015, Printed in Japan
価格はカバーに表示してあります。
乱丁・落丁は送料当社負担にてお取り替えいたします。
お手数ですが、現物を当社までお送りください。

ISBN978-4-89831-729-7

好評既刊

私たちの予測した通り、いよいよ自壊する中国！
宮崎正弘・石　平
B-228
遂にバブル経済崩壊の全容が見え始めた。直近の中国経済と政権内部の凄まじい暗闘の実態を、二人のチャイナ・ウォッチャーが緊急レポートした力作！
本体価格九〇〇円

新・沖縄ノート　沖縄よ、甘えるな！
惠隆之介
B-226
マスコミ報道では絶対に分からない沖縄の真実とは？　本書は、政治、経済、社会、歴史など様々な角度から、「沖縄の核心」に迫った著者渾身のレポート！
本体価格九二〇円

2016年　世界の真実
長谷川慶太郎
B-224
激動する国際情勢の基調とは？　米国経済の強さの実態は？　中国、ロシア経済の行方は？　日本経済の今後の課題は？　答えは本書にすべて書いてある！
本体価格九〇〇円

http://web-wac.co.jp/